煩惱10秒就夠了

不多想，凡事做了再說！

突破型編輯的工作術

松田紀子　著
李瑷祺　譯

悩んでも10秒　考えすぎず、まず動く！
突破型編集者の仕事術

【台灣版序言】

積極挖掘第二、第三個高木直子……

各位台灣的讀者，大家好。我是本書的作者松田紀子。

這本書的日文版是於二〇一九年十一月出版，沒錯，那個時候誰也料想不到，半年後，未來將被新冠肺炎改寫。

我這才深刻體認到，原來我們的世界可以在毫無預警下，突然發生翻天覆地的改變。以如今日本的氛圍來看，恐怕很難再用《煩惱10秒就夠了》這麼樂天的書名出版書籍了。因此，我要對此時此刻仍願意翻閱這本書的各位台灣讀者，致上深深的謝意。

我知道高木直子小姐在台灣也十分受到歡迎。我是在二〇〇二年，透過網路與她相識，當時高木小姐以插畫家的身分在東京打拚，卻苦於遲遲無法嶄露頭角，而正考慮著是否要放棄夢想，安分返回故鄉。她在我的委託下問世的第一本作品《150cm Life》，雖然沒有快速竄紅，但銷售量一點一滴地向上增長，直到下一部作品《一個人住第5年》出版時，才感受到她以圖文創作家的身分一夕爆紅。

高木直子小姐以其獨到的視角，幽默而深具感染力地細膩描繪出原本平凡無奇的每一天。我覺得，正是因為遇上她這樣的作家，才為我帶來了更能勝任編輯之職的自信。我現在仍是高木小姐的責任編輯，所以偶爾會去她家中叨擾，也讓我們之間的友誼愈來愈深厚。

在這本《煩惱10秒就夠了》的最後一章中，提到我已離開出版界，邁向一個全新的世界，但二〇二〇年十一月起，我身兼二職地再度擔任起圖文書的總編輯。我現在的目標是挖掘並培育出第二、第三個高木直子。雖然根據經驗，我知道像她這樣的稀世才華，絕非隨手可得，但總要嘗試看看才知道結果。因此，現在我也推出了「圖文作品創作方式講座」的線上課程，將創作上的實務技巧傳授給想成為圖文作家的大眾。希望能藉此挖掘出明日之星，打造更多能讓台灣讀者也樂在其中的作品。

衷心期待新冠肺炎早日平息，讓我能再次拜訪我熱愛的台灣。到時候我一定要到夜市好好飽餐一頓，吃盡我最愛的美食。

希望各位讀者今後也要保重身體。十分感謝各位耐心地讀到最後。

松田紀子 二〇二一年三月九日

從第一次見到松田小姐，就覺得她開朗又正面……

．高木直子◎作品包括《150cm Life。》《一個人住第幾年？》《一個人去旅行》《一個人去跑步：馬拉松1年級生》《已經不是一個人：高木直子40脫單故事》《一個人做飯好好吃》等書（皆由台灣大田出版）。

松田紀子與我—— **高木直子篇**

又不會催我稿，又會誇讚我，這麼好的人我絕對不能替人家製造困擾了……

・青沼貴子◎作品包括《酷媽寶貝蛋》《嘿，小雛雛》《今晚又是更年期潮熱》《上了年紀呼吸也會胖的我瘦下十五公斤的過程》等書，台灣角川出版《美食吃飽飽 東京吃到飽》。

松田紀子與我—— **青沼貴子篇**

總是會冒出令人想不到的發言，為我的生活增添歡樂。

・小倉直美◎作品包括《在職媽媽一年級生》《新在職媽媽 谷希美（32）在職媽媽出道！》《我家孩子正在成長期，也正在痴呆期！》《母女問題——成人親子》等書。

松田紀子與我——小倉直美篇

總是爽朗陽光，遇到什麼事都不會沮喪，是她的優點。
非常期待她的發光發熱。

．小栗左多里◎作品包括《達令是外國人》（台灣時報出版）《和達令一起慢玩京都》（台灣角川出版）《拿在手上吧　達令的日本手工藝體驗》（以上三本皆為與東尼．拉茲洛合著）等書。

松田紀子與我—— 小栗左多里篇

我像被她施了魔法，從此畫圖文書都成了快樂的事。

・野原廣子◎作品包括《我可以離婚嗎？》《女兒不上學》《媽友好可怕》《媽媽今天起出去兼差》等書。

松田紀子與我——野原廣子篇

第一次見到松田，是在我的處女作的事前討論時。
妳好，第一次見面。
緊張
這裡會這樣、
那裡會那樣、
這裡要這樣做、
那樣做……
腦中一片混亂
製作一本書還真辛苦…
好、好痛苦……
忍不住脫口而出。
咦？製作書籍很快樂啊。
毫不費力。
原來製作書籍是件快樂的事！
我、我想跟這個人一起工作!!
思考企劃之類的超有趣。
已經如此了。
於是我像被她施了魔法，從此畫圖文書都成了快樂的事。
閃閃發光

目 次 CONTENTS

chapter

2

chapter
3

悠哉又快樂地做出成績來！松田紀子的工作術……171

前言

松田，妳的編輯經驗應該可以出版成書吧？

這幾年來，時不時有人對我這麼說。而我自己是到二〇一九年的夏初之際，才下定這個決心。

從我當上烹飪雜誌《萵苣俱樂部》的總編輯到下定決心時，已過了整整三個年頭，上任之初我曾替自己設下的「畢業」時間，恰好也近在眉梢。

這三年間，我在數字上締造了斐然的成績，承蒙不棄，電視、雜誌、網路媒體多以「在式微的雜誌業中創造奇蹟」等溢美之詞報導，使我受到大眾矚目。

回顧這三年，我達成過以下成就：

・四次售罄紀錄，其中三次是連續三期銷售一空。
・發行冊數增加八萬冊（與前一年相比，成長率為百分之一百四十三）。
・在創刊第三十年，實際銷售冊數超越競爭對手雜誌《Orange Page》。
・生活實用雜誌銷售第一名（二〇一八年上半年）。
・烹飪資訊雜誌銷售第一名（二〇一八年下半年）。

除此之外——
・被核發警告函一次。
・賠罪道歉三次。
・附錄失敗三次。
・因為不甘心而落淚四次。

這些經驗也深深烙印在我心上。

充滿熱情與狂熱的這三年，讓我在筋疲力盡中，也得到了至高的享受。因此，我希望能將自己在出版業沒落之中歷經的奇蹟，撰寫成書，提供給後進的編輯以及有工作煩惱的讀者作為參考。

在此請容我做個自我介紹。

我是一九七三年出生，長崎縣人。曾在RECRUIT九州分公司中，擔任旅遊資訊雜誌《Jalan九州發》（じゃらん九州発）的編輯三年。二十七歲北上東京，轉換跑道，於MEDIA FACTORY公司擔任「圖文創作」的書籍編輯。

二〇一六年，時值四十三歲之際，當上烹飪雜誌《萵苣俱樂部》（レタスクラブ）的總編輯。

擔任圖文書編輯的時期，我任職於MEDIA FACTORY，當時該公司正處於裁員後的重建期，我背水一戰推出的《達令是外國人》（小栗左多里著）一戰成名，系列圖書的累計銷售冊數高達三百萬本。

我一邊與高木直子等才華洋溢的作家們一起賣力工作，一邊確立了一種新的圖書類型，那就是「選擇能引發讀者共鳴的主題，將插畫與文字隨興搭配所呈現出的圖文創作」。

「除了妳以外，我還真沒聽過有哪個編輯能在雜誌和圖書兩方面都大放異彩。」當我聽到有人這麼對我說時，我仔細一想，還真的呢。

雜誌編輯的工作是，與編輯部門的成員一起合作製作每一期的雜誌封面，同時也要與廣告業務部門攜手合作，這樣的過程可說是一種「團體競賽」。至於書籍編輯則是帶著自信，根據自己的品味與嗅覺，將一本書從無到有地製作出來，這個過程可說是一種「個人競賽」。

無論是在團體競賽上或個人競賽上，我都達到了某個程度的成就。身為這樣一個「運動員」，我想，若將心得整理成一本實體書，傳給需要的人，應該也算得上是用行動回報出版業界對我的栽培之恩吧。

這就是我提筆寫下這本書的起心動念。

我想回報的不只是出版業界。

我經常覺得，讓雜誌、書籍大賣的「編輯力」中，其實蘊含著各行各業都通用的祕技！

編輯的洞察力是，要掌握光靠問卷調查無法判讀出的消費者的「內在需求」。

編輯的創造力是，要從無到有地製作出值得讓人掏錢購買的高品質內容。

編輯的視覺建構力是，要創造出足夠的震撼力，讓自己的作品在書店、便利商店、大型超市等列強環伺、每天都有百本以上新書誕生的賣場中脫穎而出，吸引消費者拿起來一窺究竟。

編輯的團隊管理力是，要讓一同為作品而努力的夥伴們，一起邁向更高遠的目標。

這些都是具有高度通用性的技能。

尤其，「從無到有的企劃創造力」更是今後時代迫切需要的能力。另一方面，我們也經常聽到有人感嘆地說：「這個時代，需求愈來愈多樣化，要打造出暢銷作品愈來愈難。」

但是，無論時代怎麼改變，總是會有暢銷作品出現！總是能創造出暢銷作品的！

就算稱不上暢銷，只要創造出的內容，能打動自己的粉絲，就算得上是自己的暢銷作品。

我想把自己近二十年的編輯人生得來的心得，寫成文字，透過這本書傳遞給大家。

有些仰慕我的團隊成員很渴望聽我分享我的工作之道，但我也還未能將我所知道的傾囊相授。因此撰寫此書，也是想將書中內容獻給他們。

……不過，各位讀者閱讀之後，恐怕會很驚訝。

因為我這一路以來所做的，都沒有用上什麼高超的技術，全是任何人都能立刻執行的事。

第一章，我會介紹許多我實踐過的編輯實務技巧。第二章，則會娓娓道來我迂迴曲折的編輯人生。

由於機會難得，第三章中，我將針對女性「如何在工作上做得自由自在、樂在其中、長長久久，同時又能拿出好成績」的方法，將我的所有經驗「傾囊相授」，包括身為管理階層如何培育下屬及如何克服失敗，身為員工如何才能樂在工作，身為育有一子的母親如何面對孩子的教養問題等等。

我總覺得編輯自己出書，是件厚顏無恥的事。但我衷心希望，每一位與這本書相遇的讀者，都能從中找到改變自己的契機，讓自己一天比一天更活力四射、心情愉稅地勇往直前。

許多歷年來合作過的作家為這本書，專程寄來了她們精美的漫畫，在此分享給各位讀者，希望大家喜歡。

那麼，松田劇場就要揭開序幕嘍。

chapter

1

連連製作出暢銷作品的編輯力，放諸四海皆通用

看見本質，抽出本質，只處理本質，
編輯不正是這樣的工作嗎？

《萵苣俱樂部》的起死回生之路，是從外行人觀點做起

我的資歷中特別與眾不同的是，我在書籍編輯方面和雜誌編輯方面，都積累了相當深厚的經驗。

正如〈前言〉所提到的，以運動競賽來比喻的話，書籍編輯獨自一人面對作家，孜孜矻矻地執行企劃，是屬於「個人競賽」；而雜誌編輯與整個編輯部門組成團隊，一起絞盡腦汁，竭盡所能，同心協力製作出一部作品，則是屬於「團體競賽」。

兩者各有各的魅力，都是充滿樂趣的工作，但兩者所需的各項技能則略有不同。

首先，讓我來回顧一下這幾年受到許多媒體關注採訪的故事——「《萵苣俱樂部》的起死回生之路」——再從中傳授雜誌編輯的祕技吧。

二十七歲起就持續在圖文書領域耕耘的我，首次挑戰「雜誌總編輯」之職，是始於二

○一六年六月當上《蒿苣俱樂部》總編輯的「事件」。關於該「事件」的來龍去脈，就留待下一章娓娓道來。

此次破格的人事異動中，公司交給我一項重要任務，那就是「在開始走下坡的雜誌中，加入圖文創作，重建雜誌，恢復銷售量！」

《蒿苣俱樂部》在全盛時期，發行冊數曾高達一百萬冊，但隨著出版業不景氣、網路媒體崛起，發行冊數已銳減至十萬多冊。即使歷任總編輯祭出了各種策略，還是無法擺脫嚴峻的銷售情勢。

此時公司選中的，竟是我這完全不同領域的編輯。

當初接到上級的口頭指令時，我最在意的問題就是，如何將我最愛的圖文創作運用在雜誌中。我還記得，我重新翻閱了雜誌（不，老實說，在那之前我根本沒看過《蒿苣俱樂部》），一邊看一邊興奮地想著：「哇！這個很有挑戰價值！」

《蒿苣俱樂部》創刊於一九八七年，已是老牌烹飪雜誌，幕後的編輯陣容也都成了一群資深老手，因此整個雜誌帶給人一種沉著、悄然的氛圍。

尤其，對我這種「不常做菜、不會做菜」的初學者而言，令人摸不著頭緒的用語隨處可見，實在難以進入狀況。

若要讓大部分的人感覺到「這是屬於我的雜誌」，似乎有很多可改進之處！我這樣的「外行人觀點」，之後也帶來了十分正面的作用。

此外，客戶工作（為了廣告業務的合作企劃，以及其營銷活動、公司內部合作）是創造雜誌收益不可或缺的部分，在這方面也因為我過去沒有經驗，而能不帶偏見地接受這些活動，並靈活彈性地應變。

從各種角度來看，「沒接觸、沒知識、沒做過」的目不識丁狀態，反而成了我的強項。

那麼，實際上我究竟做了哪些事呢？

且讓我從頭說起。

帶來好成績的三項改革

我是屬於大腦額葉型的人，做事往往根據直覺，因此我為《髙莒俱樂部》所做的事，老實說，也只是平實地做著我平常覺得重要的事而已，並非施展了什麼特殊的魔法。

甚至有一次，我受邀參加某個商業相關的活動，當我分享完我的經歷後，聽眾驚訝地說：「松田小姐，妳做的事真的都很一般吔。」

反過來說，正因為我做的事不是什麼高難度的技藝或魔術，所以我才發覺「這些做法說不定人人適用，應該可以和大家分享」，而一點一滴地把過去做過的事整理出來。

整理之後發現，《髙莒俱樂部》之所以能起死回生，是因為我所進行的「三項改革」。

「會議改革」

「雜誌内容改革」

「團隊改革」

接著就來一一介紹這三項改革吧。

禁止畫面資料！歡迎即興想法！讓每個人都能坦率說出真心話的「會議改革」

每期雜誌的企劃，都是透過編輯成員共同出席的「編輯會議」決定。就任總編輯的那天，我聽說剛好是預定召開編輯會議的日子，便決定出席會議。我本來以為，編輯部的成員一定會在會議中爭相提出意見，結果那場會議讓我大受震撼。

悄然無聲的會議室中，十幾個編輯部的成員肩並肩坐在排成「ㄇ」字形的長桌前。擺在成員面前的是A４大小的會議資料。這是大家在昨天以前交出的所有企劃案。成員們一個接一個將自己寫得密密麻麻的文字，從頭到尾朗讀一遍。其他成員在聆聽時，都毫無反應。一個人念完，就輪下一個人念。十幾人份的企劃案，就這樣以相同的模式走過一輪，彷彿在進行某種奇妙的儀式。

結束後，每個人都低著頭，空氣中只有沉默在迴盪。
那種難以忍受的沉默令人待不下去。

這樣的會議實在糟透了……！

這是我內心最真實的吶喊。根據過去經驗，我知道徒具形式的會議，絕不可能孕育出有趣的企劃。

但身為總編輯，總不能每次開會都蹺班，於是我下定決心，要將這個每週一次的會議連根拔起地大翻新。

初期執行的具體方案，有以下幾項。

會議改革 其①「禁止攜帶企劃書」

廢除「事前準備企劃書，在開會時現場朗誦」這種怪誕的做法，刻意訂下「不準備企劃書」的規則。這麼一來，連寫企劃書的工夫都省了，可為大家節省不少時間。

這麼做還有一個很棒的效果。

雖然不準備企劃書，但這畢竟是企劃會議，所以成員們出席時，都會先在腦中裝滿各式各樣的點子。

只要讓他們口頭說明自己腦中的點子，他們就會把自己置於主事者的位置，產生主導事物的熱能，說話時會用更生動的語言傳達。大家也不會在意「不能臨時提出企劃書中沒有的想法」，而不敢暢所欲言，發言自然會愈來愈熱絡。

會議改革 其②「不可攜帶筆電」

接著，我還訂定了開會不可攜帶筆電的規則。

因為總是有些成員，一打開筆電，就做起「副業」，像是回覆電郵、整理與會議無關的資料等等，此時就很難營造出全體成員都十分投入的氣氛。

不過，我自己會帶筆電參加會議，當大家提出點子時，我就會當場輸入，並且用投影機投放出來。

過了幾個月，當大家的發言增加，會議的氣氛也愈來愈活潑後，我打字的速度已跟不上大家的發言速度，便將投影機改成了白板。

我覺得，當我利用投影機或白板，讓大家「集中注意於一點」後，會因為全員視線方向一致，而產生提升士氣的效果。根據這個現象，我認為物理性地「統一大家的視線方向」是一件十分重要的事。

當我感覺到大家的發言量已達到一定程度時，就重新開放大家攜帶筆電開會，而此時也不再有成員一邊開會一邊兼職副業了。

會議改革 其③「立馬搜尋、立馬約定見面時間」

當大家在會議中提出點子互相激盪時，不時會出現一些疑問，像是「烹飪部落客的某某某擅長的是哪一類的食譜」等等。

此時，我就會立刻用手邊的筆電搜尋，並將結果跟大家分享。螢幕畫面被投射出來的同時，我們就會開始你一言我一語：「最近的Instagram貼文大概長這樣。」「雞蛋料理好像很火吧～」「啊，好像才剛剛出書。」我甚至會打鐵趁熱，當場就指派任務說：「A，你可不可以幫我向出版社問問他的聯絡方式，看能不能跟他約個時間？」。

重點在於「開會的同時就開始執行企劃」的速度感。

如果是以「之後再查」來結束話題，大家多半都會忘記，不然就是拖了一陣子才做，這樣事情就無法順利進展。

我自己也會在需要跟廣告部確認「特輯內容與預定刊登之廣告是否相容」時，趁著會議當下就寄出電郵。

「一放空就會立刻跟不上大家」，營造出這種緊張感時，大家就會把注意力都放在會議上。這是我會特別留心的地方。

會議改革 其④歡迎「我不懂」「我不知道」

擁有三十年歷史的《高苣俱樂部》編輯部中，有幾位長年負責排版的資深員工。多年來，他們跟專業的烹飪老師們建立了深厚的情誼，本身也都十分擅長烹飪，所以他們的相關知識高於一般平均水準。我當然是怎麼也比不過他們，因此也有好幾次看不懂他們所使用的詞彙。

比方說「繫帶」。

在材料用到雞蛋的食譜中，突然出現的「繫帶」一詞，讓我感到丈二金剛摸不著頭腦。

於是我虛心地問：

「繫帶是什麼？」

資深編輯卻對我皺起了眉頭。

「咦？繫帶是什麼您不知道嗎？就是蛋白中的白色條狀物。」

「我完全不知道吔。我想，可能有很多讀者也不知道。我們能不能換一個說法？」

「這個大家都知道吧。」

我對這個詞較真了起來，便在同一層樓問遍了公司裡幾乎所有的女員工：「繫帶是什麼？」（執念好深……）最後的調查結果是「認識率低於三成」。

當我提出這個數字時，對方便同意修改了。

長期待在同一個專門領域中，會累積出高於一般人好幾倍的知識量。在業界中，這雖然是寶貴的能力，但相反地也會拉大與一般讀者之間的鴻溝。如果做的是專家閱讀的專門雜誌，這就不成問題，但若是一般讀者閱讀的媒體，就有必要偶爾確認一下與讀者之間的距離，是否過於懸殊。

全新推出的《蒿苣俱樂部》中，我特別重視的是「易懂度高不高與門檻低不低」。我認為，唯有我們敞開大門說：「即使你對烹飪一竅不通也沒關係！我們歡迎你～」才會吸引到新的讀者。

因此在會議中，我也會儘量營造出大家都能毫不忌諱地表示「我不懂」「我不知道」的氣氛。

我會以帶頭者身分，將「那是什麼？」「哦～我以前都沒聽過！」一直掛在嘴邊（其實主要原因是我的知識本來就很貧乏啦）。

✓會議改革 其⑤「每個人都要對非分內領域提出點子」

即使是「非分內工作」的領域，全體成員也要在互相提出企劃後，一起交換意見。這項做法對於活化雜誌內容，產生了十分正面的作用。

在這之前，大家都認為「不可侵犯他人領域」，而互相拉起了一條看不見的界線，但我卻鼓勵「儘量侵犯、盡情侵犯！」（在「不寫企劃書」的做法持續一陣子後，我又將規則改成只要準備一份不超過一百五十字的企劃書）。

再怎麼資深的編輯，對於非分內工作領域，都如同白紙一片。比方說「葉菜類要怎麼保存比較好？」「哪一個集點卡的點數最容易收集？」「洗潔劑該如何分開使用？」等問題，對專責人員而言，這些都太入門了，但其他人卻是滿滿的疑惑。

這些疑惑，其實也是我們目標讀者的疑惑。

正因為是非分內工作領域，才能不負責任地自由發言，這反而是一種優勢。

雖然不見得能直接採用成企劃內容，卻能讓專業的工作承辦者發現「原來對這方面不熟悉的人，會想要知道這些事啊」。

同理，我也經常指名新人或年輕員工隨興發言，以產生相同效果。他們經常會屈服在資深老手的霸氣感之下，而不好意思說出內心真實想法，但他們的感覺與讀者相近，是非常寶貴的資源。當總編輯問出「你覺得如何」時，會讓他們比較容易說出自己的想法，所以我都儘量主動指定他們發言。

此時，不管他們說出了什麼，都不能責備、不能生氣、不能瞧不起。一定要貫徹興致盎然的接納態度，比方說可以回答：「哦～原來你是這樣想的啊！」

這麼一來，大家就會覺得「在這裡不管說什麼都沒關係」，而能安心地說出自己的疑問或即興想法。

這些改革進行了兩、三個月後，每到開會時就變得熱鬧滾滾。不只少數人，而是任何成員都能自由提出個人意見的會議氣氛，就這樣建立了起來。

於是，雜誌的銷售量也隨著會議的熱鬧程度，開始不斷攀升。

不用思考，不必煩惱！配合當今潮流調整方向的「雜誌內容改革」

雖然前面提過很多次，關於烹飪我是一竅不通。

而且，我是個能不做就不做的懶人，也不擅長為了省一點小錢或充分利用食物，而去經歷一番複雜的準備程序。我知道，對於能將家事打理得妥妥貼貼的家庭主婦來說，我這個人根本就是懶散到無可救藥。

但這個時代，愈來愈多女性必須為了工作、帶小孩、照顧長輩而忙碌，所以像我這樣的女性，一定也為數不少。

而我本身這種「想偷懶」的心情，就成了《萵苣俱樂部》雜誌內容改革的原點。

尤其是公司決定從二〇一七年五月開始做出「月刊化的改頭換面」，這也成了一大轉機（之前是雙週刊）。在配合雜誌的改頭換面更動核心理念時，是必須抱著讓雜誌脫胎換骨的決心來改版的。

我花了一整天時間，窩在住家附近的星巴克，一個人拚命想著核心理念是什麼，並抱著豁出去的心情進行了這項雜誌的改頭換面，幸好最後得到了好成績，讓我也放下了心中的大石。

包括這次雜誌的改頭換面，我曾執行過一些成功的雜誌內容改革，以下就要來向各位介紹其中的幾種改革方式。

雜誌內容改革 其①
「路線變更——改成重視簡便與效率的特輯」

「不用思考，不必煩惱，生活可以更輕鬆。」

這是我因應月刊化的改頭換面，所訂下的核心理念。

我決定讓浴火重生的《萵苣俱樂部》，以徹底追求「簡便」與「效率」為目標。

之所以訂出這個理念最重要依據是，當我決定接下總編輯一職後，立馬翻閱《萵苣俱樂部》時所感受到的「說不出的怪」。

「這個時代『晚餐要煮四道菜』，對職業婦女來說也太高難度了吧？」

「樣品屋般的房間和收納，讀者真的會嚮往嗎？」

「方法、材料我都不講究啦，我想看到的是便宜又不會做失敗的食譜……」

「既懶惰又怕麻煩、能摸魚就儘量摸魚，這不才是人的天性嗎？」

「而且仔細想想，不是每個已婚婦女都這麼致力於家事和帶小孩吧？這本雜誌對於已婚婦女的想像，會不會太陳腐了？」

當我感覺到自己內心湧出的這些「說不出的怪」，其實也正是讀者心裡的感受時，我就開始將這些內容一個接一個推翻。

而這重複不斷的推翻過程，正是我所推動的雜誌內容改革。

結果改變最大的，就是特輯所傳遞出的訊息。

在改頭換面前，特輯多半是為擅長烹飪的讀者而製作的，像是以材料作為索引的食譜介紹等等。但是站在我的角度來看，那些都有點進階級，不像是可以「即學即用」的內容。

比方說，當雜誌上寫著「讓我們來自製醬油醃鮭魚卵吧」，我只會覺得太麻煩了，絲毫無法打動我；或者，看到「雞肉對決！雞胸肉VS.雞腿肉」時，也只感到不知所云，一點興趣也沒有。

我更想知道的是「不用思考，只要拿著菜刀切切切，就能在十五分鐘內完成的食譜」，或是烹飪、買菜的省時絕招。

於是，我們開始積極介紹高效率的技巧或食譜，像是如何用一個平底鍋完成各種料理，如何只用兩樣材料就能完成一道菜的食譜等等，我們特別講究的是降低困難度。

之所以會想到這種「不用思考，不必煩惱」的理念，有一部分當然是源自「我自己很討厭必須在小細節上鑽牛角尖」，但最早帶給我靈感的是，十年前某個同事脫口而出的一句話。

我不喜歡烹飪，但喜歡穿搭。我常逛我家附近的二手衣店，並將買來的衣服進行各種搭配組合，這樣天天思考如何穿搭，我絲毫不以為苦。

然而，那位同事對穿搭不感興趣，她會一次買下好幾套相同品牌的衣服，一套一套輪著穿，超級簡單樸實的做法。

即使上下身的衣服幾乎一成不變，她本人也不以為意似的，這種做法對我來說簡直難以置信。有一天，我們剛好聊到關於衣服的話題時，她喃喃地說出了一句：

「每天思考衣服要如何搭配，不覺得很麻煩嗎？」

……原來如此！原來「思考」是一件麻煩的事！

這個感想是我在編輯圖文書的時期獲得的，當時的工作雖然跟烹飪雜誌八竿子打不著，但我卻一直將這個發現，存放在大腦的某個角落。

我認為，像這類「日常生活中不經意說出的、毫不刻意做作的話語」中，總是藏著寶貴的啟示，能引來許多讀者的支持。

我們不停追求著如何為讀者們省去麻煩的思考步驟，追求達到一個極致後，便順理成章地發展出了一項改頭換面後的雜誌招牌企劃。

那就是每期附贈的「一整月菜色月曆書」附錄別冊。

附錄別冊中刊載著每週該買的食物清單（包括該在週間補買的分量），以及每天的菜單，因此只要按圖索驥地採買與烹調，就不必花時間思考每餐的菜色搭配，食材也會在一週的尾聲用盡，因此成了超級方便的指南書。

雖然在編輯上，這是一項非常費時費力的企劃，但獲得了廣大的好評，甚至連其他雜誌都要來抄襲（！），我們的雜誌銷售量自然扶搖直上。

每期的雜誌封面，我們也會徹底調查出當月要推薦的內容，並將其醒目地排放在書名旁邊。當雜誌被插在書店的展示架中時，想推薦給讀者的特輯名稱或附錄，就很容易被看見。

雜誌內容改革 其②「食譜、用語以時下風格簡單呈現！」

既然要降低困難度，就必須講究內容所使用的語彙是否也淺顯易懂。

前面提到的「繫帶事件」就是一例，不過更具象徵性的，其實是「香菜事件」。

某天，我在看校樣時，視線突然停在一個詞上。

「芫荽……？這個就是香菜吧？」

當時，日本剛好掀起香菜熱潮，無論大街小巷，各家餐廳、咖啡館都推出了各式各樣「香菜×××」的菜色、品項，顯而易見地，寫「香菜」比寫「芫荽」更容易讓大眾理解。

「能不能全部都修改成香菜？」

當我對負責的編輯這麼說時，對方又是皺起了眉頭。

「不好意思，松田姐，在我們這裡寫『芫荽』是從創刊以來承襲至今的傳統……」

這種傳統跟讀者無關！

細問之下發現，我們雜誌的食材單字表只要改一個詞，其他轉載媒體的單字表就得要跟著一起改。這樣聽起來的確頗為麻煩，但只要我們編輯部不辭辛勞，就能讓讀者得到淺顯易懂的閱讀體驗的話，這就是一件該做的事。因此我還是決定修改。

若不這麼做，恐怕就會有很多讀者到了超市，明明手裡拿著香菜，還追著店員問：

「哪裡有跟這個長得很像的『芫荽』？」

另外，我也很注重食譜的寫法是否好讀易懂。

即使是同一道菜的食譜，在當時的業界龍頭《Orange Page》雜誌上，步驟就是比較簡單，看起來十分容易上手，但在我們的雜誌上，步驟看起來卻好繁複。其實這是因為我們對於食譜的寫法，沒有在歸納整理上好好下工夫。

當我明白這件事後，便開始要求負責的編輯，一定要好好花心思把烹飪的步驟盡可能寫得簡單易懂。

雜誌內容改革 其③「與其對多數人進行問卷調查，不如深入挖掘少數人的現身說法」

在進行這類細部的改革時，如果只重視如何化解我自身所感到的不對勁或糾結感，那就會變得太過獨斷獨行。因此，我也會確實地實行讀者調查。

在方法上，過去主要是對讀者實施問卷調查，再從調查結果分析，但到了我這裡則有了一百八十度的大轉變。

比起看不到作答者臉孔的問卷調查，我更重視的是，能否與讀者面對面仔細傾聽他們的聲音。

我們實際執行的調查方法有兩種，一種是「讀者進入編輯部」，另一種是「編輯部進入讀者的生活」。

前者是一個名為「LINE萵苣隊」的讀者群組，以八名上下的目標客群女性所組成的少人數組織。

成員每半年換血一次，任期結束時，會請現任成員介紹認識的人成為下一任成員。平常會透過通訊應用程式「LINE」詢問意見，請她們試讀後提出看法，每個月還會舉辦一次「線下聚會」，邀請她們前來編輯部，提出關於今後想執行的企劃的想法與構思，徵詢她們的意見。

每個月的參加者約四～五人，正因為人數少，才能分享平常不會外揚的家務事，也能製造出親密感，讓她們更願意揭露自己正面臨的困擾。

過程中可挖掘出更深層的需求，這種需求深層到尚未被大眾以語言呈現出來，所以對象為多數人的問卷調查，絕不可能調查得出來。因此，我非常重視這個線下聚會。

另外一種方法則是被我命名為「米助調查」。

某日本電視節目中，有一項單元是由藝人米助先生到民眾家中，突擊報導他們晚餐的餐桌上風情。我們模仿這個做法，讓編輯成員到讀者家中叨擾，請讀者將廚房裡的調味料到冰箱裡的食物都一一介紹一番。

透過實際的登門拜訪，能夠不斷發現各式各樣本人尚未明確地整理成語言說出口的困擾（比方說「洗衣機的水管上會堆積塵埃，但是不知道該如何清除」等等）。

我會請訪問回來的成員，在編輯會議中提出他們的各種發現，並善用這些發現來豐富我們的雜誌內容。

「與其調查多數人的共同意見，不如傾聽少數人的真實聲音。」

我們在決定每個月的企劃時，也都一定會遵循這個方針。

雜誌內容改革 其④
「讓客戶也心花怒放的圖文廣告」

這一項是運用我的專長領域進而得到好成績的例子，也就是將「圖文廣告」帶入雜誌中。

我想讓自己熱愛的圖文創作，以《萵苣俱樂部》為舞台振翅高飛！其實在接下總編輯的那一刻，我的大腦額葉就已經啟動這項任務了。

過去，在尋找可以刊登自己所負責的圖文作品時，我曾有過連連被拒的經驗，因此，能擁有一個可以由我自由主宰的媒體，對我來說簡直就是美夢成真。

雖說如此，我也不可能將大部分的雜誌篇幅，都改成圖文創作的型態；再者，我的應用方式若只是增加圖文創作的連載，那就太了無新意了。

那到底有什麼提案是既能發揮圖文創作的特色，又能提高雜誌利潤呢？

經過一番思索，我想到了一個點子——利用報導式廣告，生動有趣地加入圖文創作。

有些商品的魅力，只用照片和文章很難呈現出來，而圖文創作正好能彌補此點。如果能打造出這樣的報導式廣告，委託我們刊登廣告的客戶應該也會很開心吧？維繫雜誌命脈的，不單是銷售的利潤，還包括廣告收入。既然如此，那就大膽採取「主動出擊」姿態，執行這項前所未見的創舉吧！

我們接到的第一個廣告，是某公司的全自動洗淨功能馬桶。對已婚婦女們而言，它可以幫忙省去麻煩又不得不做的洗馬桶工作，簡直就是一項劃時代的商品，但畢竟商品本身是馬桶形狀，要放在烹飪雜誌裡介紹，實在有其困難性。

此時就是借助圖文創作之力的時候了。因為是以漫畫為圖，不會出現直接以馬桶照片為主的頁面，加上有散文創作的部分，而能將作者實際使用的體驗與共鳴，寫得既有趣又打動人心。

結果大受好評，自此便有愈來愈多客戶向我們表示，他們也想用這種方式刊登廣告。從上任兩個月後的八月號到十一月號，廣告收入向上增長至去年的一點八倍。

與我們合作的圖文作家們，也因為增加了新的工作類型而十分開心，爾後這種廣告手法就成了《萵苣俱樂部》的一大特色。

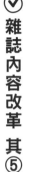

雜誌內容改革 其⑤

「拒絕再當完美好主婦。離婚、媽友、死床……深入探討已婚婦女們的陰暗面」

紙本雜誌的妙處，就在於翻閱一本雜誌，就能看到各式各樣令人感興趣的主題。而我覺得，如果內容全都是走「好媽媽、健全的已婚婦女」路線，豈不太過無趣？已婚婦女的日常生活中，會發生形形色色的事：與丈夫的關係、孩子遇到的問題、婆媳相處、與媽友們的關係等等。這些故事合起來，簡直就是充滿各種暗黑元素的大雜燴。我深深相信，碰觸「暗黑」的主題，也能讓讀者產生共鳴。這或許是我在編輯圖文書的時期所培養出的直覺。

此時我們展開的行動是，連載野原廣子的圖文創作《我可以離婚嗎？翔子的故事》。故事的一開始是，一名家庭正常、平凡無奇的已婚婦女翔子，抱怨著：「我討厭死我老公了。」這篇連載作品一反《萵苣俱樂部》過去的做法，以不被正面看待的「離婚」為主題，但刻意加入「暗黑」的元素，反而讓雜誌變得生動活潑起來。我深深相信「一定也有許多已婚婦女，需要看到這類無奈又苦悶的主題」，之後在平日的讀者調查中，也證實了我的想法。

也許是主題太過於前衛，連載之初，讀者的反應竟是一片死寂。難不成是我不小心打開了潘朵拉的盒子嗎？

不過，愈來愈多的反響，漸漸出現在推特等媒體上，其中，還有許多人在編輯部內才剛拿到最新一期樣本，就立刻從這篇連載開始看起，也收到愈來愈多來自讀者或客戶十分認真的回應，像是「好想趕快看到續集！」「翔子這樣會不會有點自私？」等等。

當初我們的計畫是，在故事進行到一半時結束連載，剩下的故事收錄在漫畫單行本裡，但後來研判「反響太熱烈，中途停止連載的話，恐怕會引起讀者反感……」而修正計畫，把故事連載至最終回。

我們將策略改成印製「一口氣看到最終回！」的附錄別冊，以及銷售單行本，單行本中增加了番外篇的小故事。至今大家依舊可以在電子書中找到這部作品。甚至還因此出現了「暗黑系圖文書」的書籍分類。

這部作品加上後續同樣來自野原廣子的《消失的媽友》（消えたママ友），以及小倉直美（おぐらなおみ）的《我的小穴好空虛》（私の穴がうまらない），組合成了太太劇場三部曲。此外，由我所主導的岡部悅的連載小說《驚覺是地獄》（気がつけば地獄），也是一部令人深思的作品。

我深信，當我們觸及已婚婦女們沉重而無法向人訴說的陰暗面時，就能讓讀者感到「啊，這本雜誌了解我的心情」，進而建立起讀者與雜誌間的信賴關係。

提高自我肯定感，一同享受改變的「團隊改革」

前面提過，一本雜誌的誕生是一項團體競賽，而我也一再重新體認到團隊力量在這項工作中有多麼重要。團隊中的每個成員，若沒有各自將自己的力量毫不保留地施展出來，那麼一場勝券在握的比賽，也有可能慘遭滑鐵盧。

為了確保大家的能力都能徹底發揮，如何激勵編輯部的團隊，就變得十分重要。

此外，編輯部與負責廣告收入的業務部團隊之間，有沒有建立起堅實的合作關係也至為關鍵。

☑「團隊改革」 其①「激發全體成員的參與意願」

正如第37頁所言，我在開會時十分注重有沒有營造出輕鬆的氛圍，讓大家都能沒有壓力地說出自己的點子。

意見多有一個好處，那就是能碰撞出「絕妙的組合」。

開會時是以「歡迎即興想法」為前提集思廣益，所以大家拋出的點子，大部分都只是未經琢磨的關鍵詞而已。

每一個點子都是半成品或似曾相識，但光靠這樣的點子往往難以構成企劃的原型。不過，若運用加法，將多個點子串連起來，就會綻放出耀眼的魅力。

於是，「把A和B的企劃結合起來，再加上C的潤飾，就可以當成這期的特輯了！」這類狀況屢屢出現。而這麼一來，團隊裡的每一個人都能在每一期的雜誌裡，看到自己的心血以某種形式呈現出來。

當雜誌賣出好成績時，大家就會集體鼓掌、互相稱讚。我相信每個人心底都會有一種「是我的功勞」的想法。同時，我也覺得能讓大家這麼想，再好不過。

不是讓某一個特定成員，成為團隊裡的超級王牌，而是讓大家都有參與感。我認為，這就是提升團隊力量不可或缺的要素。

「團隊改革」　其②「統一全體目標，自己擔起責任」

「改革」二字說起來光鮮亮麗，實際上卻是不停進行「麻煩費事的改變」，過程絕不輕鬆。

若要省力，當然是什麼都不變最好。但不改變，就不會有未來。

所以，我總是一股腦兒地帶著大家往前衝，一下是「這裡改成這樣」，一下是「那裡也整個換掉」。然而，此時必須留意的是「絕對不能偏離目標」。

目的是「振興銷售量」，而「改變」不過是達到目的的手段罷了。

我覺得有一種狀況經常發生，那就是改革到了一半，手段反客為主變成目的，結果大家漸漸搞不清楚自己到底是為了什麼在努力。

因此，在《蒿苣俱樂部》改頭換面之際，我十分重視的是「不要為了改頭換面而改頭換面」。

換言之，並不是「管他三七二十一統統改掉」就是好的，而是也要留下該留下的部分。

比方說，烹飪是這份雜誌的自我定位，因此關於這部分的頁數我並沒有減少，烹飪以外的「整理收納」「美容」「理財」等雜誌內的重要元素，也承襲了下來。

我所做的是，為了振興銷售量進行取捨，只留下真正該做的。

關於我所做的改變，當然也有聽到批判的聲音。

但那些話聽聽就好，因為要對銷售數字負起責任的就是我本人，我並不是只出一張嘴的局外人。

既然責任是由我來負，那就做到自己覺得滿意為止。如果拿不出成績，那就負起責任下台一鞠躬。

不去在意上級或周圍的臉色，只專注於眼前的讀者。貫徹這種態度，並努力統一編輯部全體成員的目標，讓大家朝同一個方向努力。

「團隊改革」其③「平均分配成員們的角色」

總編輯是一種孤獨的生物，離群索居，獨自披荊斬棘，開拓道路，時時活在提心吊膽的感覺中。因為總編輯肩負著每期銷售好壞的責任，而總是懸著一顆心，生怕這樣做也不對、那樣做也不對，內心充滿了害怕與不安。

此時，團隊中的人物布局，就顯得十分重要。既然要降妖除魔（？），就要先找好值得信賴的成員從旁協助，這麼一來，才能精力充沛地再戰三百回合。

雖說組織裡的人事並非自己所能左右，但我還是想在此公布從我個人經驗歸納出的「活化團隊不可或缺的三大角色」（純粹一己之見，切莫見怪）。

(1) 埋頭苦幹、謹慎認真的職人角色

在推動事物上，「腳踏實地的執行者」是缺之不可的角色。因為我實在不善於處理高精度的工作，所以有一個謹慎認真的成員，能為我看緊期限，確實推進工作的話，會為我

帶來莫大的幫助。

他們絕非說話大聲的那群人，平常往往不太醒目，但總是能完美地完成工作，不會有一絲差錯。對於喜歡登高望遠、敲鑼打鼓地說「下次就來做這個吧」的領導者（我）而言，他們總是能快速反應、猝不及防地說：「這是上週說的那個案子，請過目。」他們就像工地裡的工頭，監督大小事務。首先一定要將這種「腳踏實地的職人角色」安排在自己身邊。

（2）跟著一起嗨起來的森巴沙鈴伴奏者

當我提出新想法，大喊「我想試試看這樣的企劃」時，如果團隊裡的反應稀稀落落的話，就會造成士氣低落。

「松田姐，聽起來很有趣吔，好哇，我們來試試看吧！」會說這種話的人，就像是手裡拿著兩只森巴沙鈴的伴奏者，在一旁幫忙炒熱氣氛。團隊裡只要有一、兩個這樣的成員，就能讓士氣不斷提升。與其深思熟慮可不可行，不如先做再說。這麼一來，連不可能的事都將化為可能。

這種高附和度的成員，能成為團體中幫忙踩油門的角色，因此我總是會在身邊安插這樣的成員。

（3）一無所知的樸實新人

另外一種不可或缺的角色，就是「新人」。他們經驗不足、也不具專業知識，但正因如此，才能說出一般大眾的意見，也能掌握資深老手所無法掌握的「不懂」「不知道」的疑問點，藉此提出新案，所以他們是非常寶貴的一群人。

此外還有一項好處是，他們的出現能讓團隊產生「新人來了，一定要好好栽培他們！」的共同目標，我看過許多成員都是透過教育新人，進而使自己展現出長足的進步。

無論是哪一種成員都有其特色，仔細探索每個人的特色，也是這份工作的一項樂趣。

「團隊改革」其④「別把校樣改得滿江紅」

為了激勵團隊成員的士氣，我所採取的其中一項行動是「別將下屬提出的校樣改得滿江紅」。

對編輯來說，在最終校對的截止日將至的階段，還要進行大幅修正或更換的話，是一件非常痛苦的事，因為我有過親身經歷，所以十分能體會。

《萵苣俱樂部》的編輯部裡有許多在職媽媽，如何為她們打造一個「能在有限時間內有效率地把工作做好」的環境，是我的其中一項重要課題。

因此，我訂下了一項原則，那就是儘量「別把校樣（印刷廠印製好的試印版）改得滿江紅」。由於資深老手會期待成員們都有高精度的工作成果，因此當然還是要符合這項前提，但偶爾成員們交來的稿子，讓我覺得「還差那麼一點」時，我也只會寫上「下次再努力」的評語。成員收到回稿就會加以反省，並在下一期提出出色的稿子。這種做法反覆了一陣子之後，就幾乎看不見任何索然無味的稿子了。

相反地，當我收到高品質的稿子時，我也會毫不吝嗇地稱讚：「太棒了！真有趣！」

此外，在銷售量衝高的月分中，如果有哪名成員做的稿子，是耗費了大量的時間與精力的話，我就會在大家面前特別稱讚說：「這次要感謝某某某的努力。」

我認為，讓成員們感受到「大家的努力我都有認真看在眼裡」，是十分重要的事。

「團隊改革」其⑤「與其他部門互動良好地合作」

從過去到現在，在雜誌的工作上，編輯部與廣告業務部之間的關係往往不甚融洽。因為兩邊面對的是兩個不一樣的世界，所以這樣的結果也是意料之中。

但也許是因為我身上流著RECRUIT的血液，而RECRUIT總是強調「沒廣告就沒利潤」，所以打從一開始我便認定，只要能讓業務部順利向客戶提案，那麼無論什麼忙他們都會幫因此我下定決心「不和業務部進行無謂的對抗」。

前述的「圖文廣告」的發想，就是我與業務部的團隊經過一番促膝長談後，思考出的既能讓讀者開心閱讀，又能讓廣告客戶趨之若鶩的獨家企劃。

業務部門的領導人也在充分理解我的編輯方針後，為我提出各式各樣的好企劃。

我也會提醒自己要當個「有事好商量的總編輯」，像是拜訪客戶、擔任講座講師等對業務有幫助的活動，只要他們開口，我就義不容辭。

有了這些平日的交流，臨時遇到困難時，雙方就不會吝於相互合作。當兩邊建立起這樣的關係後，一定能為雜誌帶來更強韌的生命力。

以上，我從會議、雜誌內容、團隊三個面向，闡述了我為《萵苣俱樂部》所做出的改革。

從二〇一六年六月上任到經歷這些改革，最後我的成績是，二〇一七年下半年的銷售量與去年同期相比，成長了百分之一百四十三點二，廣告收入也成長至將近兩倍。

更令人開心的是，我們實際賣出的冊數，終於超越了往年的競爭對手《Orange Page》雜誌。全體編輯成員還為此掛起綵球，大肆慶祝。

有了斐然成績的現在，所有人當然都對我另眼相看，但我相信，在我上任之初，大家應該都對我的到來感到不安。

「連一點烹飪雜誌的編輯經驗都沒有，到底能有多少斤兩？」當時，我可以在身邊感受到這樣的視線，但我確實來自一個截然不同的世界，一切從零開始。

我不顧「創刊三十年來的傳統」，將舊有的習慣一項項打破，在此過程中一定也讓不少成員感到無所適從。

但事後也有成員告訴我：「雖然要跟上松田姐的腳步很吃力，但一路看著妳大刀闊斧做出改變，也讓我感到十分暢快過癮。」

開始一項新事物時，一定要能放下些什麼。在對雜誌改頭換面時，似乎經常會出現「舊有讀者VS.新進讀者」的論戰，但我的看法是，讀者根本沒有「新」「舊」之分。只要製作出符合現今時代的內容，就能讓從過去就開始閱讀的老朋友，以及初次閱讀的新朋友，都能從中獲得愉快的閱讀體驗。

我一直都是單純地這麼相信著。

幸運的是，即使像我這樣暴虎馮河，也有一群成員總是在背後支持著我。正因他們深愛著《萵苣俱樂部》，才能在我提出不合理的要求時，也都使命必達。實際上，是他們對雜誌滿腔熱血的愛，支撐著我完成這些創舉。

沒有什麼比編輯熱愛自己的雜誌更重要。《萵苣俱樂部》之所以能浴火重生，不是因為我的改革，而是因為他們把自己對這個媒體所懷有的愛，原原本本地呈現在雜誌中，讓讀者受到感動，才有今日的成功。如今，我由衷這麼覺得。

就在幾個月前，編輯會議上發生過一段小插曲。

當時，「消費稅上漲前的緊急理財特輯」（譯註：自二〇一九年十月開始，日本的消費稅從原本的百分之八漲到百分之十）的主題浮上桌面，但接下來又有人說：「如果只是四平八穩地談論消費稅增稅的話，就太沒趣了。」「其他雜誌和電視節目也一定都會大談特談吧。」

眼看討論快要陷入膠著，我立刻提議：

「不然這樣，我們來跟令和時代反其道而行，做一個『信封袋理財』（譯註：將每月薪水的現金領出，分門別類放在幾個信封袋中，控制使用額度的理財方式）的特輯，如何？」

語畢，立刻引來哄堂大笑。

「松田姐，在這個行動支付全盛時代，討論『信封袋理財』嗎（笑）？可是感覺挺有趣的。」

「嗯，意外會讓人心動吔。復古的老派浪漫。」

「我已婚的女性朋友也說，還是喜歡看得見現金。」

「說不定做得起來喔。那我們來討論看看具體內容吧！」

結果催生出了一個絕妙的企劃——「實際採訪！用信封袋理財的女人們」。大概沒有其他任何雜誌在同一個月分介紹信封袋理財（笑）。

我不禁暗自開心地想著：「到現在還能在討論中，激盪出如此熱烈的火花，這種感覺真棒。」

暢銷作累計約四百七十萬冊！圖文作品的編輯力

接著，就來談談任職於MEDIA FACTORY那段期間、為我締造輝煌編輯之路的「圖文書」編輯經驗。我會透過這些經驗，向大家說明「創造熱銷作品」的實務技巧。

書籍與雜誌不同，書籍是「不受時間限制，只要有企劃就能創造出來的」。換言之，我覺得，書籍比較能讓編輯盡情發揮出自己的企劃能力。

尤其，當編輯自身的感受性，已鍛鍊到一個極致時，或當它接上時代的潮流時，就會產生強大的爆發力。

二〇〇二年出版第一部、二〇〇四年出版第二部的《達令是外國人》系列書籍，之所以能累積至三百萬冊的銷售量，成為奇蹟的暢銷書，很大一部分的原因，是當時恰巧遇到「我的編輯品味與時代潮流十分契合」的時間點。這真是非常幸運的一件事。

然而，光靠運氣是無法接二連三地編輯出暢銷書的。因此，我不斷嘗試各式各樣的方法，也曾經歷慘痛的失敗，但最後我建立起了屬於自己的「通往暢銷作的最短捷徑」。

書籍製作主要有三種模式

首先，我想要談的是一個最核心的實務技巧：「如何訂立企劃？」不過，在此之前先替大家解說一下。

我從經驗上得到一個結論——「書籍的製作」可以分成三種模式。三種模式分述如下：

〔書籍製作模式一〕主題在先型

編輯內心先有一個「我想做這樣的書」的想法，接著再尋找適合這項主題的最佳作者。

我負責的作品中，高木直子的《150cm Life》（以矮個子女生的視角敘述日常生活的暖心散文）等書，就屬於這一類。

〔書籍製作模式二〕作者在先型

當編輯的出發點是，自己心目中有一個「想合作看看！」的知名作者時，就屬於這一類。先詢問該作者想畫什麼樣的主題，經過不斷的溝通，最後決定出要製作什麼樣的作品。青沼貴子的《過了可愛的時期》（かわいいころを過ぎたら）等書，就屬於這一型。

〔書籍製作模式三〕培育型

某個作者雖然尚未有過亮眼的表現，但自己深信「他／她的才能一定能大放異彩！」時，就一步步地去尋找能讓作者的才能發揮到最大極限的主題或作品。野原廣子的《我可以離婚嗎？》（離婚してもいいですか？）系列書籍，就屬於這類。

以上是從如何著手的角度，歸納出的三種書籍製作模式：主題在先型、作者在先型和培育型。既然開始的方式不同，接下來製作書籍的方式、與作者的溝通、書籍的販賣方式，當然也會完全不同。

不過，應該有不少編輯是在三者全混在一塊兒的情況下，就開始埋頭苦幹，而不懂這些方式之間的差異。

這次的工作是哪一種類型，我應該以什麼樣的態度面對？——編輯必須先弄清楚這一點，才能開始工作。

順帶一提，我個人的編輯經驗中，使用最多的就是模式一「主題在先型」的書籍製作方式。

因為我過去所屬的MEDIA FACTORY，既不是一間大規模的出版社，歷史也不悠久，又沒有足夠的資源與大牌作者合作。再加上，我本身比較適合的合作對象，就是那些能對我所想出的點子感到興趣，且具有耳目一新的才能的插畫家。我想，這就是為什麼我多半是採取模式一的原因吧。

畢竟，看著自己思考出的主題所孕育出的書籍，在市面上一本一本地賣出去，這種快感只要經歷過一次，就會讓人忍不住想再三體驗。

主題的出發點是「內心隱約感受到的疑問」

如果是先有主題的作品，那我們幾乎可以說，編輯的主題挖掘力會直接決定作品的暢銷與否。

理所當然地，愈是能讓人感到「沒錯沒錯，我就是想知道這件事！」「這很符合我現在的心境」，就愈能讓人拿起書本翻閱；愈能讓人拿起翻閱，就能賣得愈多，進而成為暢銷書。

那麼，我們該如何發現主題呢？

我的做法基本上就是「直接面對面詢問他人」。

前提是我的內心一直隱約卡著某個「小疑問」，無法完全釋懷，例如：「某件事的實情究竟是如何？」「某類問題該如何解決？」

這些疑問絕對不是針對什麼嚴肅的大事，而只是小小的疑問，類似「矮個子的人應該比標準身高的人，更難選到合適的衣服，可是，好像都沒看到哪家雜誌在幫助讀者解決這方面的困擾」「最近愈來愈多異國婚姻，聽起來很酷，但實際情形又是如何？」

將這些小疑問牢牢地記在腦中，一有機會，就向身邊朋友或遇到的人詢問，看看他們有什麼反應。

詢問的人數大約三到四人，例如朋友、同事，或美甲沙龍裡恰巧遇到的美甲師等等。人數不用多，重點是「要詢問數名屬性不同的人」。

我得到的反應五花八門。有時別人會非常有興趣地說：「我也對這件事很好奇！」有時則會被對方直接忽略。

得不到反響時，內心往往會想再接再厲，認為換一個說法問對方會更好。但這時候，我會刻意不這麼做，反而是虛心接納對方的第一反應。

得到反響的主題，我才會再去詢問下一個遇到的人。下一個人的反應也很好時，再去問下一個人。像這樣持續對自己身邊的人當面調查。

我的腦中總是貯存四到五個這樣的主題，當我想詢問時，就能立刻拿出來詢問。正好想起的時候，就向身邊的人提出，看看他們的反應。

不必「整理條列在紙上、寫成企劃書」，感覺就像是讓這些主題存在於腦海中，優游自在地游來游去。

平均來說，這些小疑問需要花三個月左右的時間慢慢成長茁壯。

直到某天進入「差不多可以輸出的模式」時，我就會突然充滿幹勁，連書封的草稿都能一口氣完成。絕大多數的情況下，書名、封面圖案、書腰文案都會在這個時間點，幾乎全部確定。

暢銷作的共通點是書封可一氣呵成寫完

許許多多漂浮於腦海的浮游小疑問中，最後能寫成草稿的，究竟都是一些什麼樣的主題呢？

它們一方面是自己內心「隱約存在的疑問」，同時也是周圍的人感興趣的話題。雖然世上不曾有人明確地用言語描述過，但就是在心中揮之不去……像是這樣的「微糾結」現象。

最後則是相信「這個話題大家一定想知道！」的直覺。

「好，這一定能撰寫成書！」當這種感覺降臨時，我就會一口氣打好書封的草稿。不過，當我向別人提起這樣的經驗時，有些同為編輯的人，會感到十分驚訝。

我猜，這是因為大多數的編輯，都是屬於「書封要留到最後再做」的類型。

至於為什麼要留到最後呢？其實就是因為書封太重要了。書封是一本書的門面，會決定讀者的第一印象。無論對我們或對書店而言，都必須是一目了然而又生動活潑的。

正因如此，編輯通常會等書中內容都完全確定後，才會仔細推敲琢磨，用一句點出精華的文句當作書名，然後與設計師一同根據書名，決定合適的圖案。

我想，這樣的決定順序，才是出版業界的常規。

但我卻是反其道而行。

首先，我會明確地決定書名，並畫出書封圖案，包括書腰上的文案和插圖，乃至要將哪些要素放在封底，我都會鉅細靡遺地畫在一張白紙上。當我愈畫愈起勁，心裡直想著「好想趕快開始製作書籍內容！」時，對我來說，這本書就已完成了七成。

更進一步來說，一開始就能迅速扎實地決定好書封草圖的書籍，後來一定會大賣！

更正確地說，應該是「暢銷書的共通點是，書封的樣貌在一開始就已敲定」。由此可知，書封的樣貌對於製作出一本暢銷書而言，有多麼重要。

除此之外，我覺得，當書封的樣貌愈明確時，就愈容易向公司內部的相關人員，說明企劃宗旨、書籍內容，也愈容易獲得眾人的協助。

相反地，當我想說「這個不錯！」而開始動筆打草稿，但途中卻停下筆來，或猶豫不決、停滯不前的話，我就會暫且將這個企劃擱置。因為我會判斷「對於這個主題，我還沒有完全想清楚」。

再者，書封草稿一旦決定好了，我就會順勢連目次也一起寫出來。我會一邊下筆，一邊思考著：「以這個書名和書封來說，裡面要放什麼樣的內容，才能引人入勝？」一口氣將目次寫出來。連目次都完成的話，最後就只剩分頁（Pagination）了。

如果到此為止能一氣呵成，那就會是一件非常過癮的事。

連事前的企劃書都可以免了。

舉例來說，如果是製作書籍以外的商品，從零開始思考企劃時，首先可試著將其「門面」在視覺上的樣貌畫在紙上，這樣會讓自己更明確地知道這個商品是「要向誰傳達些什麼」。

我能否創造出一個「能將這項訊息強而有力地傳達出來」的門面？
如果能的話，作品與暢銷的距離，一定會變得更近。

禁止搭載過多訊息！以「放血」的方式製作

一個自己有興趣的主題，和一個認同這個主題的作家。

當這兩項都具備後，就隨時都能展開書籍的製作了。

因為是以自己「想知道的事」為出發點，所以腦中會湧出各式各樣的構思，此時，只要作家也感興趣，點子就會源源不絕。

結果，想寫的內容就會不斷膨脹，乃至超過之前的設定，變成又想加入這個、又想加入那個，欲望愈滾愈大。或許任何種類的創作中，這種事都經常發生。

可是，先等一等！

此時，我們更要回過頭來重新審思：自己最想傳達的究竟是什麼？

如果這個也想要、那個也想要，最後變成塞了太多東西的大雜燴，那麼整體感覺就會變得模糊不清，無法聚焦在一個點上。

最終對讀者而言，也會變成一本「到底想表達什麼？有看沒有懂」的書，而無法帶來滿足感。

因此，要先忍住想把所有東西一次講完的欲望……加法哲學不如減法哲學！我都是用這樣的態度製作書籍。

我所尊敬的編劇家橋本忍先生（撰寫過《七武士》《羅生門》《砂之器》等多部日本二戰後的名作，是個善於說故事的傳奇人物）曾經提到，一個原作小說的故事想要改編成為長度有限的電影時，編劇的真髓是什麼。他是這樣形容的：

想像柵欄中有一頭牛。而我每天日復一日地去看那頭牛。凝神細看，直到自己忽然覺得「弱點就在這裡！」時，就立刻打開柵欄，進入欄中，用鈍器將牛一擊斃命，再用銳利的刀子割斷牠的喉嚨，把頸動脈流出的鮮血裝在水桶裡帶回家。這就是我編寫（劇本）的方式。原作的型態可以徹底丟棄，我要的就只是鮮血而已。我說了，既然要寫，就要用這種方式去寫。

——摘自《編劇家橋本忍的世界》（村井淳志著）

讀到這段話時，我的內心十分衝擊，又感動不已。

看出本質，抽出本質，只加以處理本質。

編輯不正是這樣的工作嗎？

進入《萵苣俱樂部》的編輯部後，我也不斷向大家灌輸這樣的觀念。

使用減法哲學是需要勇氣的，為了保險起見，我們經常會忍不住想說：「這個也多留一點吧，那個也多留一點吧。」

但將實際成品拿出來比較，就會發現每項主題都一點一點、像自助餐便當一樣的內容安排，與主題明顯、強烈地讓讀者感覺到「我們家的招牌料理就是這道！」的內容安排，後者更有魅力。

編輯就是要像替牲畜放血！

這是我擅自傳承自橋本忍大師的座右銘。

與作家的合作方式、建立信賴關係的方法

在製作圖文書時，必須特別注意一點，那就是如何讓作家安心作畫。

圖文書是將個人的私生活，像是婚後生活、育兒等，畫成一部作品。對作家而言，就是將自己的人生攤在大眾面前，這是一種需要勇氣的創作行為。

一般而言，大家心裡的想法應該都是「儘量不要讓特定多數的人知道自己的弱點和糗事」。

但話說回來，光是呈現好的一面，讀者是不會感到共鳴的。人類本質中的「惡毒」與「黑暗」，才更具有將人與人吸引在一起的魔力，這一點我深信不疑。

而且，圖文書呈現出的是一種輕鬆的世界，將那些「惡毒」與「黑暗」安插在這樣的世界中，兩者所產生的落差感，會變得加倍有趣。此外，圖畫也能適度將惡毒沖淡。

我們要提供什麼樣的支持與協助，才能讓作家安心地把自己生活中的惡毒與黑暗都呈現出來呢？

我自己會特別注意以下三點：「自我揭露」「消除不安」和「促使家人參與」。

自我揭露

在說「請你脫光」之前，我會自己先脫光。

如果對方肯自己先脫的話，我們就會想：「啊，這個人是認真的。」

想要讓對方揭露自我，我們就要率先揭露自己，這是基本鐵則。

比方說，關於「死床」這個主題，如今已是一個人氣話題，但當初我也是先揭露「我的情況是如何如何」，才讓剛開始不甚自在的作家放聲大笑出來，後來還會邊笑邊附和說：「沒錯，的確會有這種狀況呢。」

當作家漸漸可以揭露自己的故事當成創作靈感後，這本書就等同完成了。

消除不安

當作家的進度停滯時，絕大多數都是因為他的心裡存在著某種不安或猶豫。有些編輯似乎會選擇「耐心等待」，但我不是，我會先聽聽對方的說法，再一起解決困難。

詢問出對方感到不安的原因，如果問題可以解決，就針對問題點一一化解，陪伴對方度過這段過程。

促使家人參與

作家身上經常產生的不安要素，就是「與家人的關係」。

當作家要畫出自己的私生活時，他們往往會擔心，比方說丈夫或父母等至親的家人會不會無法接受。

遇到這類狀況時，我會站出來居中協調，而不是讓作者獨自面對。我有過好幾次親自寫信給作者的家人，說明作品的宗旨，懇求他們接納的經驗。

「……基於這樣的想法，我們深切盼望某某老師能畫出這段故事。關於此事，不知是否能得到各位家人的同意？」像這樣誠心誠意傳達我的想法。

或者，在作品開始動筆前的企劃階段，就邀請丈夫也一起來用餐。用餐時，我會努力讓先生知道，身為責任編輯的我有什麼樣的想法和目標，同時儘量與對方有一場愉快的談話，使他對我產生安心感。

建立起了信任關係後，對方也會說「只要松田小姐想這麼做就沒問題」，而作家也可以沒有懸念地盡情在紙上揮灑。

長壽作家的共通點——「秀征力」

「妳說話這麼有趣，應該有很多作家想一直跟妳一起工作下去吧？」好幾個人對我這麼說過。

我自己並不覺得「自己說話很有趣」，不過，製作一本書，短則幾個月，長則一年，這段時間編輯和作家都要一對一討論，如果對方說話很無聊的話，的確會讓人無法燃起熱情吧。

因為一本書從開始到完成，需要連續密集地互相討論，所以讓自己變成對方「還想見面」的對象，是十分重要的事。

顛倒立場，也是如此。會讓我想持續合作的作家，都是相處起來十分開心的對象。

再者，有時會看到一些作家「雖然沒有特別突出的暢銷作品，但能長期活躍」。

這些作家的共通點是在「做人的基本態度」上十分優秀，包括「少有情緒起伏，總是能穩定地溝通對話」「被託付了工作就會確實完成」「絕對遵守截稿日」等。

我將這樣的特質取名為「秀征力」。名字來自長期活躍於演藝圈的長壽藝人中山秀征。雖然我不曾見過他本人，但經常耳聞他是一個具有高度「穩定力」的人，能細心地照顧到工作人員、演出人員，甚至觀眾的需求。我便擅自推斷，就是因為如此，他才能長年持續出現在螢光幕上。

我認為，信任關係不只是相處合不合得來的問題，提出對方有興趣的話題、讓對方愉快地打開話匣子的「傾聽力」也很重要，這些其實是透過努力就能提升改善的。

我自己也得繼續精進我的聊天術才行了。

更換責任編輯的好處

書籍編輯就是作家與編輯的長久交流。

只不過，有時在不得不調動部門或換工作等的情況下，就會發生「責任編輯的更換、交接」。

據說，對作家而言，要換掉已經習慣的責任編輯，是一件非常焦慮的事。

然而，我從實際體驗中學習到的是，這不見得是一件負面的事。

高木直子是與我一起創造出《150cm Life》等暢銷作品的作者，對我十分仰慕。後來，因為我請產假，便順勢將她的責任編輯，交由我的後進同事負責，過程中她曾感到十分焦慮。但是，一陣子後，我反而察覺到人際關係的變化對作品所產生的正面效應。

對高木而言，因為我是「挖掘她的編輯」，所以她覺得我對她有知遇之恩。作品中，她從來不會畫出貶低我的橋段。但她與新接任的女編輯，則是立場對調。高木反而是經驗豐富的那一方，因此作品中產生出一種可以讓她隨心所欲、自由發揮的氛圍。

在此之前，高木的作品都呈現出一種帶著一點點青春洋溢感的世界觀，但是當我發現她的作品開始混入了某種自由奔放的小惡毒時，我不得不承認「哇！這是我無法企及的境界!!」當時我十分感動。

雖說如此，我想還是有不少編輯喜歡抱著自己的作家不放，藉此來確認自己的存在價值。

過去我內心也有這樣的部分，因此「放手對作家有益」這項發現，對當時的我來說有如醍醐灌頂，讓我成長了不少。

順帶一提，後來高木經歷了結婚、生育，她的作品主題拓展至育兒後，就因為同樣有育兒經驗，而使我再次成為她的責任編輯。

這個過程也讓我體悟到，圖文書是與作家的真實生活深深連結的一種書籍類型，因此在合作方式上，柔軟地採取「根據作家生活型態的變化，找到最適宜的編輯搭配」才是比較合適的做法。

對編輯而言，最大的喜悅莫過於作品變得更加有趣。對作家來說，一定也是如此。

我認為，我們可以把「編輯與作家的關係應該是如何如何」的刻板想法擺在一旁，根據當下情況，找出最合適的關係。我相信這樣的做法才合乎今後的時代。

chapter

2

當上編輯以前、
編輯路上的修行、
從九州向東京邁進

如果一開始就告訴自己「無論選擇哪一條路，
結果都會有遺憾」，或許心情就會變得比較輕鬆吧？

愛慕成龍

最初，我為什麼會想成為一名編輯呢？

如果只能用一句話來回答，我會說：「因為我太喜歡成龍了。」

且讓我按照時間順序來說明。

首先我生在一個普通家庭，父親是上班族、母親是美容師。不，我的家庭可能不太稱得上「普通」。我們在經濟上絕對不算充裕，小時候的生活相當貧困。關於當時的詳細狀況，在姐姐奈緒子（她是負責本書封面插圖的漫畫家）的作品《貧民團地》（スラム団地）中有詳細的描述，總之當時的環境離所謂的「文明生活」有很大一段距離。

在我懂事之後，家中能看到的書籍，就只有父親愛看的黃色書刊和釣魚書籍，以及母親唯一定期購讀的雜誌《漂亮的房間》（美しい部屋）（順帶一提，當時我們家中，日文版的

《花花公子》從創刊號開始一本都沒少過，牆上甚至還貼有玩伴女郎的全裸照片）。

我還記得，小時候不曉得可以去圖書館借書，一直默默渴望著能讀到更多鉛字印刷。後來，大我五歲的姐姐開始喜歡上畫漫畫，於是家中多出了漫畫書。現在回想起來，我從小學就接觸到萩尾望都老師的作品，簡直稱得上是一種菁英教育了，這都要感謝姐姐。

小學五年級的某天，突然發生了一件事。

我漫不經心地看著電視時，剛好播出了香港的超級巨星——成龍！我記得是為了《A計畫》的宣傳活動而拍下的一個半小時左右的紀錄影片。

我那時才第一次知道成龍這個人，他可愛的笑容，以及帥氣到爆表的武打動作，深深吸引著我。我和姐姐一起去看了電影後，我就整個人陷了進去。

然而，那個時代沒有網路，為了縮短我與心愛的成龍之間的距離，我能做的只有買介紹外國電影的雜誌來看。

過去有一個以明星照片為主，專門介紹外國電影的月刊，叫做《ROADSHOW》（ロードショー，集英社），如今已經停刊。當時，我總是意猶未盡地翻著《ROADSHOW》，天天思慕著成龍。

每期的雜誌上，都會有在香港訪問成龍的報導。讀著這些報導時，我總是對雜誌工作人員名單上的編輯，羨慕不已。

「這個人每次都會去香港跟成龍見面……我也想去見他。這麼說來，只要我變成製作《ROADSHOW》的一員，就能見到成龍嘍！」

這是思考迴路簡單的我，當時腦中浮現的想法。

從此之後，我的未來夢想就變成「當上《ROADSHOW》的編輯（＝每個月都能見到成龍）」。因為《ROADSHOW》是集英社出版的雜誌，所以我將目標訂為「當上集英社的編輯」。

但大學沒畢業的話，很難進入出版社。而我的雙親都對教育不甚關心，他們對我的期待只有「高中畢業後，在當地的小公司當個總務就好了」，所以無法理解我想要進入大學深造的想法。

我為了讓他們答應我上大學，便擬定出了作戰計畫。

「讓我念大學吧！因為我想要當小學老師。」

我也不知道這個藉口是打哪兒來的，但當時要讓我的父母點頭，最強有力的藉口就是「當老師」。

差點真的變老師?!

可喜可賀地，我得到了父母的首肯，進入山口縣（譯註：日本本州距離九州最近的縣）的一所大學就讀。畢竟我已把自己說成是「以當上老師為目標的女大生」，便順理成章地在大學修著兒童文學和幼兒教育，過著鄉下大學特有的悠閒校園生活。我在一群目標取得教師資格的朋友間，穿著運動服，汗流浹背地練習著單槓的後翻上槓（這是想要成為小學老師的人都必須通過的試煉），在社團裡和小朋友們一起玩耍。

這樣的日子認真久了，我也完全忘了自己的初衷。自我暗示真的很恐怖。「我為了成為一名老師而去上大學」這明明是我為了說服父母而編的謊，結果卻差點連自己也騙過了。

「當我們決定『去做』後，行動就會隨之而來」，我可能從這時就知道了這個道理。

二十一歲時，我獲得教師資格所需的學分，並一口氣取得教師證書。

但神奇的是，接下來經歷的三個體驗，卻引導著我回到了「最初的夢想」。

第一個體驗是發生在取得教師證書所需的「教育實習」上。當時指導我的教師，恰巧是一個「山大王」個性的人，就連面對天真無邪的小朋友們，他都要表現出一副自視甚高的模樣，不禁令我退避三舍。

再加上，教師辦公室的氣氛也讓我不知所措，我感到自己格格不入，隱約覺得：「好像一直被監視，逼得我有點喘不過氣……天天在這種地方工作，可能不太適合我。」

第二次是在參加教師甄試的時候。雖然我為了成為小學老師，學會了後翻上槓，但遺憾的是，對於彈鋼琴我就是徹底沒轍。

雖然我知道不會彈鋼琴就過不了甄試，但最終我還是在不會彈的情況下應試。

擔任面試官的老師對我說：「請彈奏拜厄練習曲第八號。」我理直氣壯地回答：「不行，我不會彈。」這時反倒是面試官焦急地鼓勵道：「同學，妳知道妳在說什麼？妳說妳『不會彈』的話，可是會落榜嘍。妳先去鋼琴前坐下，試著彈彈看。」即使如此，不會彈就是不會彈。結果，我當然是名落孫山。但感謝當時那位老師的耐心鼓勵。

在我等待放榜的那段期間，我一邊回大學上課，一邊想著：「唉，雖然知道一定會落榜，但接下來我該如何找工作？」就在此時，我突然經歷了第三度動搖我的體驗。

「妳不是想要成為一名編輯嗎？」

我聽到耳畔輕輕地響起這句話，眼前的世界便豁然開朗了起來。不管別人怎麼說，我都堅信我聽到的那句話就是「神的啟示」。又或者是過去的我穿越時空來對我說的話。

對啊！我想當的不是老師，是雜誌的編輯才對！

當我終於回想起初衷的瞬間，成龍的笑容再次占滿了我的腦海。不過，這時的我已經長大了，我成熟地想：「不一定得是《ROADSHOW》，只要能當上製作雜誌或書籍的編輯，就是萬幸了。」

好，接下來就要朝著編輯的目標邁進了！

我找到了我的前進目標。

首次揭露「進入RECRUIT以前」的我

二十一歲的我，依循著神的啟示，決定改變人生道路（順帶一提，至今我接到過三次「神啟」）。

「朝出版業界勇往直前吧！」

雖然我這樣發憤圖強地告訴自己，但當時已是夏季，我即將邁入大學四年級的下學期，主要的企業幾乎都已結束對大學應屆畢業生的招募活動（譯註：日本學校於四月開學，夏季正值一學年的一半；日本企業則是每年會釋出一些名額，提前招募大學生，大學生會從三年級開始進行「求職活動」，第二年的四月進入企業工作）。

當時，我完全沒有到東京工作的想法，腦中計畫的都是如何回到九州工作。要在九州從事出版業，福岡幾乎是唯一的選擇，而且沒有一間公司製作的是，會銷售到日本全國各地的雜誌或書籍。因此我所尋找的公司，主要是製作地方雜誌、免費刊物，其發行範圍最大涵蓋九州地區，小則只有在福岡縣市內。

其中最主要的雜誌就是月刊《城市情報Fukuoka》（シティ情報ふくおか），該公司也已結束招募。而且又適逢求職的超級冰河期，有在招募新人的公司本來就偏少。

我聚精會神地尋找著到底哪裡有在徵人……就在此時，發現了一個小小的徵人廣告！是一家專為辦公室發行免費刊物的A公司，我立刻手刀報名。

前往應試時，除了我之外，來了另外三名女學生。我本來以為一定有筆試和面試，結果得到的指示是「我們公司沒有考試，但是必須從現在開始實際出去跑業務，最後帶回來最多份合約的人，就會被錄取」。那間公司竟然是靠求職者無償為他們勞動，來替自家刊物尋找擺放點。現在看來，根本是違法的超黑心企業！

然而，當時的我天真又老實，心想機會來了，便卯足勁，只要看到辦公大樓就一間間進攻，兩天之內取得了將近兩百份合約。最後成績當然是遙遙領先。對方問我為何能取得兩百份合約時，我也只能回答說：「靠毅力。」

結果，A公司二話不說錄取了我，但我從他們的招考內容來看，覺得即使進了這間公司，恐怕也只能跑業務，而不會有報導、編輯的工作分派給我，因此當下已對這間公司感到失望。

在那場考試中，我和另一個女孩成了朋友，當我向她訴說了內心的沮喪後，她告訴我：「其實我已經獲得另外一間公司錄取了，那裡好像能撰寫文章唷。他們說還想再找一個人，妳要不要去應徵看看？」

那間B公司所發行的地方雜誌小有名氣，而且雜誌頁數比A公司發行的免費刊物有分量得多，又有特輯的版面。另外一項讓我選擇B公司最主要原因是，它不是免費刊物，而是「讀者必須花錢買的雜誌」。

進入這家公司的話，一定能做比較正規的編輯工作。

我抱著這樣的想法，應徵進入這間公司，但開始工作後卻發現，大部分的工作仍是跑業務。因為他們所發行的地方雜誌中，大部分的篇幅都是被七至十公分的四方形廣告文所占據，所以我們製作團隊的其中一項工作，就是向當地的理髮廳、髮廊、餐飲店取得廣告訂單，再根據對方的要求，整理寫下介紹文。

他們另外有特輯的篇幅，所以我會嘗試著提出企劃，像是「博多的大眾澡堂巡禮！」

「日韓直達船Beetle開通！韓國特輯」等等，但特輯的文章又完全輪不到我這種新人來撰寫……

我彷彿空有充足的燃料，卻無法被點燃。這種志不得伸的焦躁感，也不斷消磨掉我的幹勁。

再加上，社長和總編輯經常在職場中互相咆哮，對於員工的心理衛生也頗具不良影響。

「此處不宜久留。」

當我在心中打定這個主意時，便發生了一件令我至今無法忘懷的事。

當時，有一位在工作上十分照顧我的器皿藝廊女店長，讓我寫了一篇文章專門介紹她。

我卯足勁採訪對方，並寫成文章，店長看了也十分開心。我覺得自己真的為對方做出了一點貢獻，而感到滿心愉悅。

但隔了一陣子，我前去拜訪時，詢問了雜誌發行後的反應，店長卻告訴我：「沒有一個人是因為讀了那篇文章而來的。」讀了我的文章而來這間店的客人，竟然連一個也沒有。我好錯愕，好震驚。

我全心投入地工作，忍受著咆哮聲此起彼落的職場，最後拚死拚活寫下的文章，竟然沒有任何人看到？那我做這份工作到底有什麼意義？

事實上，當時那個地方雜誌的發行冊數大約是兩千本，其中賣得出去的只有兩百本左右。每月最新一期出刊後，我們都會親自到每間書店，將前一期賣剩的雜誌回收，換上最新一期，但有時候前一期甚至一本都沒少。

雖說雜誌是以廣告收入為主，但是要我持續寫著沒人閱讀的文章，我也會感到後繼無力。

就算只有一個人也好。

我想製作的是有人閱讀、有人從閱讀中獲得樂趣的刊物。

那一年我徹底浸淫在這樣的渴望中。這就是我踏入社會第一年的經歷。

提到我的資歷，通常都是從知名的九州RECRUIT公司開始介紹起，很多人可能會以為我的職涯一帆風順，但我真正的起點卻是這些「充滿了自卑感的體驗」。

那時候的不甘心，成了日後的巨大動力，像彈簧般把我彈向了高處，這是無庸置疑的。

到如今我還是會想起當年的各種不甘心與淒涼感。由此可見，那是多麼無法抹滅的經驗。

差點變成無業遊民?!
命懸一線的編輯人生

此處不宜久留！我想當一個有更多人閱讀我的文章的編輯。

進入公司一年半後，我懷著這樣的強烈決心，選擇換工作。

當時，RECRUIT公司設置在在九州的據點，也就是福岡天神的辦公處，正在為旅遊資訊雜誌《Jalan九州發》（以下稱Jalan）招募新的工作人員，我一聽說就立刻去應徵了。

我先是努力通過筆試，後來面試時也頗為得心應手。我十分篤定地認為：「成功了！上了！上了！一定會通過！」於是二話不說就向公司提出了辭呈。正當我得意洋洋地想著：「啊，下個月起就要到天神上班了呢。」這時，接到的竟然是未錄取的通知。

我靠著向來那股毫無根據的自信，以為自己已經穩穩錄取了，所以接到通知的當下吃驚不已。回過神來，我已經撥了電話給他們的人事負責人，緊迫盯人地逼問：「請問，如果方便的話，（先撇開我不談）能不能告訴我你們錄取的是什麼樣的人？」

電話另一頭的人事負責人客氣地回答道：「松田小姐，您的條件真的很好，我們也非常想錄取您，但另一位男生能說流利的韓文，所以能迅速成為海外市場的生力軍，在此考量之下，我們錄取了那位男生。」

原來如此……韓文我一個字都不會說，那就沒轍了。我終於死了這條心，打算掛上電話時，這次反而是RECRUIT那邊主動說：「不過，松田小姐，我們的業務還有職缺，如果您願意的話，要不要以業務的身分來我們公司工作？」

如果我只是單純想得到一份工作的話，可能就會順勢答應對方吧。但我是為了做編輯的工作才離職的，因此還是不願跟工作內容妥協，便回絕了對方的邀請。

掛斷電話後，我才忽然認清現實。

我失業了！

——冷靜後我才驚覺這個無情的現實。在這種情況下，人會想依賴的就是自己的父母。我打電話回長崎，向我母親報告我求職未果的狀態，然後問：「因為這樣，我可不可以暫時搬回長崎？」

我話聲剛落，母親就秒答：「搬回來幹麼？不要搬回來！」

……咦？

「妳沒了工作跑回來，到時候只會在家裡耍廢而已，我看了就鬱悶。千萬不要搬回來！」

家母是個完全沒有心機的人。為了讓女兒學會獨立，才把心一橫，扮起黑臉……這種想法肯定不會出現在她身上，看來純粹就只是嫌我回去給她添麻煩而已。

我失去退路後，只好勒緊褲腰帶，想著明天起該何以維生，最後決定：「好，那我就先當當看自由作家好了！」

不知是當天還是隔天，我從外面回到家時，看到屋子裡有一個紅色按鈕一明一滅地閃著。

那個閃燈是表示有人在我的家用電話答錄機中留言。那個時代沒有行動電話，因此這是當時傳達訊息非常重要的方式。

這絕對是RECRUIT打來的！

不知為何腦中閃過這個念頭（這是第二次的神啟），我便如同傳送念力般地用力按下播放鍵……果然沒錯。RECRUIT的人事負責人在答錄機中留言說：「之前那位會韓文的男生決定進入一家大型報社，而回絕了我們。我們非常希望松田小姐能接下這個職務，不知您是否方便？」這也太幸運了吧！我立刻回電表示「我十分樂意」，於是可喜可賀地進入了RECRUIT公司。

被通知未錄取，被家母拒絕搬回老家，又重新被叫去工作。短短約三天左右發生的這些事件，命懸一線地維繫住了我的編輯人生。

薪水只有正式員工的三分之一，但刺激與學習是最大的獎勵！

進入RECRUIT後，我被分派到《Jalan》的編輯部。雖說如此，我應徵上的不是正式員工，而是被稱為月薪打工者的約聘員工。

我記得，雖然公司幫我們加保了社會保險，但我們的薪水只有正式員工的三分之一左右。即使如此，工作內容卻跟正式員工一模一樣。這是當時的狀況。

不少人因為無法忍受這種不公平待遇而辭職，我卻完全不以為意。

因為我知道，時至今日無論再怎麼努力，也不可能當上RECRUIT的正式員工。更重要的是，這份工作讓我熱中到根本沒有多餘的閒暇去挑剔它。對我而言，這份工作中的刺激與學習，就是最好的「酬勞」。

《Jalan》《Zexy》（ゼクシィ）《練習與學習》（ケイコとマナブ）三部雜誌的編輯

部，互相緊鄰。管理這三個編輯部的主任和總編輯，都是來自東京RECRUIT總公司的菁英。當時，RECRUIT集團尚未成為握有其他子公司的控股公司，同時也是每一部雜誌都充滿個性與爆發力的時期。

九州民情較為優哉游哉，而來自東京的前輩們都帶著一股精幹洗練的氣息，這讓九州土生土長的我，受到莫大的刺激，他們說話總是讓我聽得津津有味。每每接觸到他們穩紮穩打地磨練出的、精實而投入的工作態度，就會讓我的熱情也跟著被點燃，化為一股熾熱的火焰。

那是在「勞動方式改革」（譯註：日本厚生勞動省於二〇一九年開始實施的法案，內容包括減少加班，讓有薪假更容易取得等等）以前的年代，長時間勞動還未被視為問題，每天一群人工作到十點、十一點，也理所當然。工作後，大家就會浩浩蕩蕩來到路邊攤，邊吃拉麵邊喝著芋燒酎（譯註：以番薯為原料的燒酒，主要生產於九州等地。）之後，再回到公司，繼續工作到半夜兩點。直到黎明時分才回家，早上十點又再出門上班，繼續賣命工作。

當時，我也完全融入了這種東京式的生活中。

RECRUIT三年奠定下來的編輯基礎

進入RECRUIT後，我一開始就遇到了一個好主管。所有編輯的基礎，可以說全都是當時《Jalan》九州版總編輯為我奠定的。

當時的總編輯對於工作非常講究。最具象徵性的事蹟，就是每期的標題會議。會議可以從下午一點開到晚上八點，部門全體員工無止境地推敲著什麼標題最好，這種耐力大考驗已經成了我們部門的例行公事。

在此我先簡單說明一下雜誌的製作流程。

先在企劃會議上訂出特輯的主題後，各項特輯的負責人就會決定好採訪對象，和對方約定時間採訪，搜集文章中需要的資訊及素材（照片或當作圖解的插畫等）。

素材搜集得差不多了，就會和設計師討論什麼樣的版面設計（標題與內文、照片與插圖的配置），才能將這些內容清楚明白地傳達給讀者。決定好版面後，再與印刷師傅或印刷廠透過不停溝通，印刷出被稱為「校樣」的試印版，並一次次地修正重印，慢慢使其接近成品，最後成為「印刷完稿」。

修正校樣的溝通過程中，會展現出編輯與總編輯的講究程度。將最早的校樣（＝初稿）交給總編輯過目後，通常都會被批改得滿江紅。尤其標題、小標題常常被改得不成原形。照片與插圖也是，收到「這種照片讀者看不懂，換一張！」之類的指示，也是家常便飯。

雖然我會一直思考怎樣才不會被修改得面目全非，但剛開始真的不知道如何才能寫出有趣的文章，實在不知所措。

剛進公司不久，總編輯曾對我提出的校樣看了一眼，就冷冷地說：

「這種一看就是宣傳廣告的文章，讀起來根本沒意思。妳要用自己的話去寫。」

當時我無法理解這些話的意思。因為那時我一直以為，當採訪對象說「希望這樣刊登」的時候，按照對方的要求將內容整理排列出來，就是編輯的工作。

「編輯的工作是把自己打從心底感到『有趣』的東西當作第一順位，然後明白易懂地傳達給讀者。」

總編輯的這番話有如醍醐灌頂，我不禁問道：

「真的只要寫我覺得有趣的東西，然後拿去印刷就可以了嗎？」

大概是我的這個反應，讓總編輯心想：「這傢伙非得從基礎教起不可。」於是他便開始耐心地教導我「何謂編輯」。

以主觀決勝！

將我覺得有趣的事物直接表達出來。

此後，我將自己的工作態度調整成不是按照別人說的去做，而是「以自己的主觀做事」。

這項調整成為我一個很大的轉捩點。自此，我開始在採訪時認真地「搜索有趣的事物」。

當時九州地區的資訊雜誌界，適逢《九州Walker》創刊等大事，可說是競爭對手如雨後春筍般出現的時期。千篇一律的內容，只會讓讀者失去胃口，因此必須不斷創造出獨家的切入點。

總編輯的口頭禪是「寫出具有『笑點和驚奇點』的報導」。比方說，當我們以黑川溫泉等知名溫泉的周邊旅館為對象時，若只用一般方式採訪，就只能報導出大家都已看過、聽過的資訊。但只要稍稍改變視角，反而會意外找到全新的切入點。

每當我們在採訪過後，回公司報告時，總編輯總是會對我們這些部門裡的成員不斷提出問題，他的目的就是要挖掘出「笑點和驚奇點」。

「到達黑川溫泉後，妳最先吃的東西是什麼？」

「呃……我記得我吃了霜淇淋。」

「哦，吃起來如何？」

「好吃極了！他們使用大量的當地牛奶，只有在那裡才吃得到這樣的霜淇淋……」

「就這個！要寫的話，寫這個更有新意！有拍照回來嗎？」

「!!」

全新的特輯主題會在這樣的一問一答中誕生，像是「黑川溫泉的絕品霜淇淋之旅」。說到黑川，大家去那裡就是泡溫泉，所以我們就改成以霜淇淋為主題。

主題的靈感總是藏在細節裡。而且，有些事物甚至會讓旅館老闆大惑不解地問：「這種對我們來說稀鬆平常的事，真的這麼有趣嗎？」能挖掘出這種「未開發的魅力」，是一件非常過癮的事。完全憑藉自己的主觀來訂定企劃，這種過程讓我愈來愈深刻感受到這份工作的樂趣。

當然，一開始我對自己的主觀視角是沒有自信的。

「我覺得有趣的事，對讀者們來說也是有趣的嗎？」這樣的不安也曾占滿我的心頭。把自己的主觀視角攤開在眾人面前，我想任何人都會對此感到恐懼。尤其對當時還是菜鳥編輯的我來說，更是需要相當大的勇氣。

可是不攤開，就不會知道到底適合不適合！

所以，就先把想法說出來，看看別人的反應。有時會被稱讚「這個好」，有時則會被一口回絕「完全不能用」，有時還會有新發現，像是「我覺得有趣的地方在這裡，但妳覺得有趣的點是在那裡嗎？」

在這種過程的來回反覆中，我漸漸鍛鍊出一種類似「有趣的精準度」的覺察能力。

所以，後來我都會告訴後進的編輯：「不妨大膽地說出自己的靈感唷。」

第一次交稿就用腦過度到高燒四十度

我怎麼也忘不了自己第一次負責撰寫的文章。那是在「採草莓」的特輯企劃中，僅占一頁篇幅的報導。

雖然只有一頁，但對我來說卻是一件緊張不已的大事。才剛順利交稿，我就因為一口氣卸下緊張感，而發了四十度的高燒，提前請假回家。現在回想起來，還會忍不住覺得當時的自己真可愛（笑）。

緊張到發高燒是有原因的。

首先，因為我一直急著想成為一個有戰力的編輯。

畢竟，我本來就是因為那位韓文流利的男生拒絕了這份工作，才有機會進入公司的「候補錄取新人」。一開始就不是因為實力得到認可而進公司的，如果不讓公司覺得「這人挺有用的」，就會失去立足之地！這樣的想法讓我的壓力與日俱增。

還有另一個主要的壓力來源，就是和我同時期進來的業務員D女的存在。她是從美容業界轉換跑道而來，人美、頭腦反應快，既機靈又有外表，瞬間在公司內大受歡迎。

前輩們總是親暱地叫著她的名字而非姓氏（譯註：日本同姓氏的人較少，區別性強，若非關係十分親密，通常都是以姓氏稱呼對方），對她是各種取悅。我則是進入公司第一天起就自慚形穢，毫不起眼，公司的人也常常不記得我的存在。

不甘心……好孤單寂寞……我明明能有更好的表現！

終於有一天，我表現的時機還是來臨了。我站上舞台，成為矚目焦點的時刻，就是在新進員工的歡迎會上。

那天晚上，我在卡拉OK的舞台上，卯足全力載歌載舞，於是一夜之間晉升為公司內的風雲人物。

有舞台時「被點名上台就不推辭」

新進員工歡迎會的卡拉OK舞台上，我賣力地演唱了日本樂團TRF的舞曲。我在台上不顧一切狂舞的英勇事蹟，很快傳遍了公司，從此以後，公司內的各種聚餐都會找我參加。

到了現在，「松田紀子一上舞台就會大鳴大放」的印象已深植人心，成了我的重要人設。

因此，經常有人一臉佩服地對我說：「松田姐真的很喜歡唱歌跳舞吔。」但說實話，我既不擅長也不厲害。

我只不過是「不以為苦」而已，而且那麼做了之後，不但公司裡的人都認識了我，有好玩的宴會也都會算我一份，因為感受到這些好處，我才持續做到現在。

被點名上台時，就立刻上台。被呼喚「到前面來」時，就立刻上前，千萬不要猶豫不決。

尤其女孩子容易因為客氣或害羞，而磨磨蹭蹭畏縮不前，但對我來說，那樣是在「浪費時間」，磨磨蹭蹭反而更有失體面。

當時我還是單身，所以會積極參加聚餐。當然如果個性不適合的話，也不必勉強，只不過，某種程度的「跟著起鬨炒熱氣氛的能力」，在工作上還是十分重要的。

如果正在讀這段話的你，正好處於一個沒有包袱、自由自在的立場，而且不討厭與人相處的話，那麼我想告訴你的是：「不要磨磨蹭蹭，不管遇到什麼事，先露臉就對了！」

這種思考模式，或許也被我用在每一次工作機會來臨的時候。我只要一有機會，就會立刻行動。

綽號是「John」。別人一呼喚，我就飛奔而去！

在《Jalan》編輯部工作時，他們的取綽號制度，是我很喜歡的公司文化之一。

在《Jalan》中，編輯或寫手經常必須自己擔任模特兒拍攝照片，或是撰寫需要署名的文章、報導，所以大家會為自己取綽號，使用於雜誌上，而這個綽號也會變成平時同事間的稱呼。

我接獲一項命令：「去找一個喜歡的名字，和妳的姓氏組合在一起，當成自己的綽號，像是『○○松田』。」當下我的腦海中浮現了一個名字——「Travolta松田」！這個名字是源自當時著迷的好萊塢男星約翰・屈伏塔John Travolta（之前迷個半死的成龍已經化作過往雲煙了）。

我興奮雀躍地提出了這個綽號，結果卻被打槍說：「Travolta太長了，還是叫John就好了，就John吧。」

這一天起，大家就在公司裡叫我「John」了，而這個短小輕巧的綽號，實在是取對了。

比起一般女孩子，我的肩膀較寬，聲音也較低沉，我也知道自己有時會散發出「霸氣感」。但是當別人叫我一聲「John」時，我就會像搖著尾巴朝主人飛奔而去的狗狗般說著「來嘍來嘍」，因此讓我在公司裡建立起了更加友好而順遂的人際關係。

推薦大家可以參考這種公司內的綽號制度。

順帶一提，後來職場轉到MEDIA FACTORY後，「John」這個綽號就多年不再使用，但最近又重新復活了。

這兩年左右，我參加了社會人士的學習團體（詳細情形將於後面描述），在團體中也有一項「不分年齡、職位，用綽號相稱」的規定。

第一次自我介紹時，我提到《萵苣俱樂部》連續幾個月雜誌「完賣」（銷售一空）的事蹟，就有人說：「那松田小姐的綽號就是『完賣』嘍（笑）。」被這麼一說，我緊張了起來。不管我再怎麼愛跟著起鬨，還是不得不婉拒：「綽號『完賣』的壓力太大了，還是不要比較好……對了，我以前有個綽號叫做『John』。」於是，事隔十多年後，「John」

這個名字又再度復活了。

雖然是個懷舊的綽號，但現在被這麼一叫，又讓我發現了另一個有別於二十多歲擔任新手編輯時的好處。

如今的我肩頭上總是背負著這一路以來的頭銜和事蹟，但只要再次聽到別人叫我「John」時，彷彿就能拋開這一切，變成純粹的「John」。聽到「John」這個名字，我就能回到當時那個孜孜矻矻、滿懷學習欲望的自己。這令我十分開心。

而且，當年紀小我一輪的女孩也叫我「John」時，我也能用平起平坐的態度和她們對話。能建立起這樣的人際關係，真是舒服自在。

說個題外話，如果我對成龍的熱度還一直持續的話……那我當時可能會取綽號為「Jackie松田」。果真如此的話，說不定我現在的人設，就會變成帶有摔角選手的個性了（笑）。

以具有原創性的觀點工作

追求笑點與驚奇點，用自己的視角來寫文章、報導——懂得這些做事方式後，我對編輯工作愈來愈投入，才過半年，我就能製作出熱門企劃。

總而言之，就是絞盡腦汁以沒人做過的原創表現方式，設法做出讓讀者樂在其中的內容。

舉例來說，我被分派到「福岡飯店吃到飽餐廳特輯」那一次。關於福岡市主要飯店的吃到飽餐廳，只要是喜歡美食的讀者，對於其中菜色都早已熟門熟路，如果只用一般的方式介紹，那麼其他雜誌早就重複做到爛掉了。

「既然如此，那換這招如何！」我當時想到的是，在雜誌上「圖解」吃到飽餐廳的菜色。吃到飽餐廳的菜色，放眼望去往往不容易看出到底有哪些，那我就用徹底解析的方式，將這些料理從照片中一道一道提取出來，介紹它們是用什麼食材如何烹調而成。

這樣的靈感是來自於每當我看到一個小小的篇幅中，滿載著介紹菜色的照片和文字時的感覺。雖說很吸引我的目光，但我還是會糾結於一個問題：「這家吃到飽餐廳的菜色看起來很美味，但看不出來和其他飯店的餐廳有什麼不同」。

我還製作過充滿主觀偏見的特輯，像是「有帥哥店員的蛋糕店」。把蛋糕好不好吃當成其次，重點放在介紹帥哥上，雖然本末倒置，卻也大受好評。這則是我順從自己「想看帥哥」的真實心聲，而孕育出的企劃。

當我開始根據自己主觀看法思考企劃後，竟奪得了讀者支持率第一名，我也因此對編輯這份工作產生了自信。

現在回想起來，第一章所說的「自己的感受性剛好搭上了時代的潮流」，指的就是這件事吧。

RECRUIT的環境雖然嚴酷卻又充滿愛與歡笑。三年間，我專心致志地走在編輯的道路上，但時光匆匆，轉眼即逝。

二十七歲單身女性，隻身前往東京！

進入《Jalan》編輯部的第三年，我下意識地思考起我的「下個階段」。

工作還是十分有趣，我連續獲得公司內MVP（最有價值選手，Most valuable player），也累積了許多好成績。但旅遊資訊雜誌的宿命就是，春天賞花、冬天溫泉，四季循環三輪之後，主題就會陷入一成不變。我是《Jalan》編輯部的約聘員工，因此調到其他部門的升遷管道也與我無緣。

就算成績再好，恐怕也當不上正式員工，我開始覺得自己已經撞上「玻璃天花板」了。

如果我是一個熱愛旅行的人，或許會想：「我要做旅遊雜誌一輩子！」實際上，比我資深的同事中，有很多是一有空就會到各地旅遊的「旅遊控」。「我上個週末去住過某某旅館了！」每當資深同事像這樣愉快地聊著他們的旅遊經歷時，我都會一邊接下他們帶回來的甜點，一邊自卑地想：「我好像不像他們那麼喜歡旅行。」

既然如此，那我就應該去另一個地方，讓我可以做更喜歡的主題。當我這麼想時，「前往東京」的選項立刻浮現腦海。

真正前往東京的機緣，是由東京總公司的高階主管Y帶來的，他偶爾會來福岡出差。當時，RECRUIT將書籍出版部門獨立出去，成立了MEDIA FACTORY，Y成為那裡的董事，MEDIA FACTORY搭上了寶可夢熱潮，業績向上成長。Y是我的總編輯的上司，因此對他而言，我就像他的「徒孫」。

他曾以顧問的身分參與一場我們的企劃會議中，並且發現了之前提到的介紹飯店吃到飽餐廳的文章，而大大稱讚道：「這篇是誰做的？是John啊，這篇做得還真棒！」像這樣毫不保留地讚美我的人，Y是第一個。

John這隻小狗狗一聽到誇獎，就會黏著對方不放。所以，每當Y出差到福岡來時，我就會幫他預約好他喜歡的店家，我們的關係也變得愈來愈好。

Y常常述說書籍編輯是一份什麼樣的工作，聽著聽著，也激起了我的興趣。

在雜誌的編輯部中，即使自己負責製作的特輯大受歡迎，最終功勞還是會歸於總編輯。即使在公司裡得到高度評價，出了公司別人也不見得會買單。

相反地，書籍編輯則是自己一個人推動專案前進，也就是能以「個人競賽」的方式淬鍊自己的能力。因此我在書籍編輯的工作中，看到了希望。

我想前往東京，在一群老練的編輯中，試試自己的能力。這樣的野心在我心中不斷滋長。

我若無其事地告訴Y：「我也有點想到東京挑戰看看。」

「儘管來啊。」他的回答為我打了一劑強心針。

就這一句話，讓我決定了自己的下一步行動。

我要去東京!!

這個念頭牢牢地植入我的大腦額葉，我開始為前往東京做準備。

這時，周圍的反應全都是「反對」。因為在九州，女生到了二十七歲，已經是老大不小了。「二十歲做這個決定還能理解……妳已經二十七了吧？這樣沒問題嗎？」這類的擔憂我聽到耳朵都長繭了。「MEDIA FACTORY好像經營得很不順吔，去那裡恐怕會很辛苦唷。」也有人是像這樣為我的前途擔憂。

但我心意已決，同時我也有一種「在九州的《Jalan》我已把能做的都做盡了」的達成感。

二〇〇〇年秋，松田紀子，二十七歲，孤家寡人，隻身前往東京。

擔任書籍編輯時，也差點在半年內被裁員?!

我不顧周圍的反對聲浪，意氣風發地奔向東京，成功進入了RECRUIT的書籍出版部門獨立出來的公司——MEDIA FACTORY。

然而，書籍編輯是一個我毫無經驗的領域，因此我無法立刻發揮戰力成為生力軍。連東西南北都還搞不清楚的我，被賦予的第一份任務，竟然是大牌漫畫家螻榮子老師的責任編輯！原因是原本擔任她的責任編輯的前輩請了產假，所以不知怎地這份工作就交棒給我了。

當時，螻榮子老師支撐著MEDIA FACTORY的大半營收，我當上她的責任編輯後，當然是誠惶誠恐，我告訴自己目前只求在創作上別成為她的絆腳石就好，而專心於把創作以外的雜事徹底做好。

我根本還不具備任何能與大師級的螻縈子老師兩人三腳地製作書籍的能力。雖然我將前輩交接給我的周邊小工作，都一項一項認真完成，卻一直苦無機會學習書籍編輯究竟是怎麼回事。時間就這樣一個月、兩個月地過去。

進入公司過了半年的二〇〇一年三月某天，那是我至今仍無法忘懷的日子。上級一聲號令，引發了公司內的大地震。

「為了重振業績，我們將裁員，減少一半員工。」

什麼?!我才剛來這裡而已！

離開九州時，同事們的擔心竟然成真了！

教育和電玩相關的周邊事業，一個接一個被裁撤，認識的面孔一個接一個離去，公司進入了肅殺的嚴冬。

至於我……明明一點成績都沒有，卻被留了下來。只因為我是螻縈子老師的責任編輯。

辦公室突然變得冷冷清清。我記得，最後勉強留下的，只有書籍編輯部、雜誌部門、影音事業部，以及製作牌卡遊戲的商品企劃部而已。

像極了風中殘燭。書籍編輯部如果不能創造業績的話，恐怕也會突然被下令裁撤。

這時，眼前好不容易浮出了一線生機，那是當時的總編輯絞盡腦汁想出的企劃──「圖文書的重建專案」。

如今，說到「圖文書」，應該多數的人都知道是什麼，但在將近二十年前的當時，圖文書是書店裡很少出現的書籍類別。

MEDIA FACTORY其實是這個領域的前驅。九〇年代，螻榮子的《赤裸裸系列》（セキララシリーズ）（包括《赤裸裸婚姻生活》（セキララ結婚生活）《新娘奮戰記》（たたかうお嫁さま）等書）大為暢銷，並被翻拍成電視劇。

然而，在螻榮子之後，公司卻沒有繼續挖掘第二、第三個像她這樣的作家，等於發現了一條礦脈，卻長期放任不管。

做出決定重新開採圖文書領域，真是當時總編輯的英明決策。

總編輯和一位製作烹飪相關書籍的前輩，再加上我，三人組成的「圖文書向前衝隊」就這樣開始運作了。

十六萬冊銷售量要如何達成？

我的任務已定。

這時，公司下達的目標是「今年內（已經過完十個月了）要推出發行十六萬冊的暢銷作品」。

一個人十六萬冊，要如何達成？當時的書籍，首刷平均冊數約為六千冊，因此十六萬冊可說是夢幻般的數字。

「如果拚命做，讓首刷達到一萬冊的話……那就是說，一個人要編輯出版十六本書的意思嗎？」雖然聽起來就是個無厘頭的計算方式，但我和前輩都因此認定：「現在只能拚命提出各式各樣的企劃了！」於是，我們一次又一次地提出企劃書給總編輯過目。

企劃書三個字說來簡單，但對當時的我來說，根本還搞不清楚圖文書的企劃該如何制定。

我只知道，我必須先找到會畫畫的作家，但我幾乎毫無作家的人脈。

這時我想到的是，靠我姐姐穿針引線。我的姐姐奈緒子成功在雜誌《Chorus》上出道，成為一名漫畫家。如今，她的作品《重版出來！》甚至被翻拍成日劇《漫畫出版小姐》，不過當時的她還名不見經傳，只是偶爾會受邀畫一些短篇作品，刊登在附錄別冊上。

「姐姐，小栗左多里在《Chorus》上畫的漫畫好有趣喔。」

當時，小栗畫的是少女漫畫，但她獨特的筆觸和對話細節中流露出的幽默感，都十分對我胃口，我也成了她的粉絲。

「小栗是我的朋友喔。我們約好了下次要一起出來吃飯，妳要一起來嗎？」

當時我還在尋找東京住處，尚未搬到東京，但就這樣和小栗結下了緣分。

聚餐時，小栗的另一半東尼，也陪同她來赴約。兩人的對話十分有意思，逗得我哈哈大笑，我還跟他們說：「我真想把這些故事製作成書！」但搬到東京後，我為了完成每日工作，就已焦頭爛額，實在無暇著手進行我和小栗的企劃，日子就這樣一天天過去。

背水一戰而生的《達令是外國人》

後來，我請小栗幫我畫了幾篇漫畫初稿，我戰戰兢兢地在企劃會議上提出。主管的反應是「突然出單行本，也賣不好，妳要不要先請雜誌連載看看？」公司內有出一款雜誌，叫做《達文西》（ダ・ヴィンチ），但因種種關係而無法刊載小栗的漫畫。當我知道自家公司的媒體行不通後，也不知道哪來的靈感，就開始向其他公司兜售該作品。

為了讓自家出版社發行單行本，而拜託其他出版社幫忙連載……這麼魯莽的行徑，通常只有暢銷作家的作品才談得成。

跑了接近三十家出版社，都被一一回絕，最後終於有一家英語會話補習班的機構雜誌，似乎願意接受，但又因為雜誌停刊而無法實現。

我察覺到已有大型出版社向小栗詢問合作事宜，而開始心生愧疚，我心想：「再這樣霸占著初稿，又不執行企劃，就太對不起她了。」於是，我忍著淚水打電話給小栗說：「如果其他出版社有機會出版，妳可以不用顧慮我這邊。」

這時，小栗回了我一句話，讓我沒齒難忘。

「不，我是相信妳才把作品交付給妳的，所以請妳幫我全權處理。」

我實在感激涕零。這一句話讓我的鬥志開始熊熊燃燒。對方這麼相信我，我怎麼能辜負她！先試著連載再發行單行本的話，未免也拖太久了，我要直接發行單行本!!

於是，我立刻著手重寫企劃書，在會議上，以懾人的氣勢鏗鏘有力地再次提案。直到今日，那天在場的同事還會跟我說起：「妳當時超有魄力的。」的確，那時候的我整個人已經燃燒到頭頂可能都在冒煙了。我意志堅決，甚至下定決心如果這次不行，就捲鋪蓋回九州！

據說，董事們在公司搖搖欲墜的時刻，看到新人編輯奮不顧身地提出企劃，十分感動，於是抱著「也不知道行不行得通，但就看在她如此熱情的分上，賭上一把」的心情，點頭通過。

「企劃終於通過了！這次只許成功不許失敗！」我一邊在心中這麼吶喊著，一邊向小栗報告好消息。

幸運的是，小栗當時雖在漫畫雜誌《Vanilla》上連載，但她撥出了連載之間的一個月空檔時間，一口氣將作品畫好。

企劃是在八月的企劃會議中通過，漫畫是在九月分完成，十月進行校樣的來回修稿，十一月出版。整個過程被濃縮在短短的三個月中完成。

第二部作品大轟動！累計三百萬冊的暢銷作品誕生

後來，《達令是外國人》系列書籍，雖然一舉成為累計銷售量超過三百萬冊的奇蹟暢銷之作，但也並非從第一部作品就立刻大賣。

第一部作品甫出版，首刷迅速售罄，而進入了第二刷，我對小栗說：「以五萬冊為目標前進！」但僅僅五萬冊，對公司而言，恐怕只有「低空飛過及格邊緣」。

然而，正因為我們一點一滴地持續曝光，才造就了第二部作品的爆紅。

此時，我深深體認到的是「實體物的力量」。

當時，我接到了來自行動電話（那時還是「智障型手機」時代）的通訊公司「沃達豐」（Vodafone）提出的委託，希望能為他們繪製四格漫畫，刊載在與「行動電話帳單」一同寄出的迷你摺頁ＤＭ上。而我們向RECRUIT公司的《Zexy》提出連載的企劃案後，他們也立刻回覆說：「你們是以婚姻生活為主題，我們是以婚禮結婚為主題，搭配起來剛剛好！那我們就來連載吧！」

當初在企劃階段時，無論我怎麼費盡唇舌，都聽不進去的那些人，如今眼前出現實體物的「書本」時，就瞬間變得態度積極。我也因此體認到，原來有沒有實體物，可以讓人的反應如此不同。

這時候，《達令是外國人》不但獲得報紙上讚不絕口的書評，也慢慢地看到愈來愈多反響。我拚命地把各種剪報蒐集起來，開心得整個人都飄飄然了。

也許是這些務實的推廣宣傳，具有刺激潛意識的效果，讓許多人產生了「我好像在哪裡見過」「我好像知道」的印象。

兩年後，第二部作品一出版，就爆炸性地熱賣，第一部作品的銷售量也在此時超過了一百萬冊。

全日本的書籍銷售額的顛峰，出現在二〇〇二年。第一部作品就是出版於二〇〇二年，第二部作品是出版於二〇〇四年，因此也可說在出版業界景氣如日中天時，剛好站上了浪頭。

不過，我不僅達成了當初倍感壓力的「十六萬冊目標」，還大大超車，突破了一百萬冊。因此，當我和小栗舉杯慶祝時，葡萄酒喝起來都特別香甜。
推出過暢銷作品後，我的世界也彷彿在一瞬之間，從黑白轉為彩色。

在三十歲前立下「可取代名片的成就」

我之所以背水一戰，為《達令是外國人》投入全心全力，不只是為了公司和作者，也是為了我自己。

二十七歲離開九州，成為書籍編輯時，曾在雜誌《達文西》工作過的前輩給我的建言，我一直銘記在心。對方說：

「松田，既然決心要當編輯，那就絕對要在三十歲前做出一本百萬冊的暢銷書。」

對於書籍編輯工作的認識，連八字都還沒有一撇的我，當下還無法理解前輩所說的「百萬冊」的意義。

「三十歲前做出一本銷量百萬冊的暢銷作品，妳的世界就會截然不同，三十歲以後的工作，將會有趣到讓妳無法想像。所以要做出一本百萬冊的暢銷書。如果沒做到的話，妳離鄉背井到東京打拚，就變得沒意義了。」

如今我終於明白這是多麼強烈而直搗核心的建言。

當時乖巧聽話的我，一心想著：「原來如此！那我就要做出百萬冊暢銷書！」並努力朝著這個方向邁進。

之所以決定「這次還不過的話，就要捲鋪蓋回九州」，也是因為那句建言一直深植在我腦中。

我還記得，在即將步入三十的二十九歲，終於推出了超過一百萬冊的暢銷書時，我在心中大喊著：「任務完成！」心中的一塊大石也終於放下。

接下來，正如前輩的預言，三十歲起的我變得風生水起。

我的手上沒有任何工作是像個學徒般接手別人不要的工作；我提案時，企劃也幾乎怎麼提怎麼過。公司對我的成果抱以期待，想跟我合作的作家也絡繹不絕。

做出成果就等於得到信賴。而我因為不想辜負大家的期待，自然也更容易做出高品質的書籍。

我強烈地感受到了自身的轉變。

如今這個時代，要製作出超級暢銷書已變得十分困難，十年多前的成功法則也不再管用。

但我不得不承認，大家單憑我是「編輯製作了○○的松田紀子」「讓△△大賣的松田紀子」，就給了我許多方便，讓我在工作的方方面面上，都進展得十分順利。

現在我也會對後進晚輩建議說：「三十歲前，最好為自己建立起可以取代名片的成就唷。」

想讓更多人知道，一定要傳達出去！

「妳在當圖文書編輯時，讓妳放了最多感情的是哪一部作品？」

當別人問起這個問題時，我總是難以抉擇，不過，若要說讓我反覆看了最多遍的作品，那麼除了小栗左多里的《達令是外國人》之外，我還可以舉另外一部反覆閱讀次數不相上下的作品，那就是我為高木直子編輯的第二部作品──《一個人住第5年》。

二〇〇三年，高木的第一部作品《150cm Life》，是在描寫身材嬌小的她平日的生活方式。

本書完成後，我和設計師來到高木住處附近的車站，三人一起開會討論。晚上討論結束，我們就起鬨：「順便去高木家叨擾一下吧！」結果卻因此走進了一個令我們難以置信的世界。

在高木的邀請下，我們踏入屋內時，看到的竟是一間小得不能再小的房間！「房屋仲介說這間有十二坪大。」她當時是這麼說的，但怎麼看都只有八坪左右。
屋如其人，高木身高一百五十公分、身材瘦小，房間中的一切也都是小而精實，小到令人有些不捨……

一個夢想成為插畫家的女孩，從關西的三重來到東京，一個人獨居邁入第五年。這間小小的房間裡，滿滿地呈現出這種心情。此時，我強烈地感受到「我想讓更多人知道這樣的生活。一定要傳達出去！」

書名也是當場就浮現腦海。讀過的人就知道，那部作品裡沒有什麼多愁善感的抒發。出現在作品中的是「淋浴時想起鬼故事而心驚膽跳」，或者「感冒時，家裡沒有備足寶礦力，就會很焦慮」等等，描寫的淨是一些不起眼的日常生活，但只要是有過獨居經驗的女性，就一定會感同身受。正因我在福岡和東京時，也都是自己一個人住，才會對此產生強烈共鳴。

從高木的角度來看，這些只是日常瑣事，所以她會懷疑這些真能畫成作品嗎？但我們至今都還會收到讀者的反響，像是「因為那本書我才下定決心開始一個人住」「我也把這本書分享給開始一個人住的女兒看了」。我深深覺得身為一名編輯，沒有比這個更開心的事了。

事後我才聽說，在我向高木提出委託以前，她已來東京奮鬥了四年以上，卻都不見起色，因此都要計畫回去三重老家了。就在此時，傳真機列印的聲音響起，機器裡送出的正是我的工作委託。

高木畫完第一部圖文書作品《150cm Life》後，我們在她住處的車站附近開會討論時，她對我說：「接下來會變得很忙，所以我把兼差的工作辭掉了～」聽到的當下我暗自心想：「什麼？連書能不能賣得好都還不知道！」那時的感覺有如一記當頭棒喝，同時我也感受到了一股強烈的責任感，因為我所做的工作，同時是在背負著一個作家的人生。

《一個人住第5年》這部作品中，有著我對一名女性追求夢想的真摯情感的感同身受，也包含著我對高木將自己的人生交託給我的感謝之意，因此對我來說是一部十分特別的作品。

在此之後，我也十分有幸地，遇上許多出色的作家和暢銷作品，因此在二〇一一年，當上了MEDIA FACTORY「圖文書編輯團隊」的總編輯。

獻身給MEDIA FACTORY的女人?!

青春年少、欣欣向榮、閃閃發光——自己最光輝耀眼的那段日子裡，陪伴在自己身邊的那個戀人，似乎會在我們心中留下永恆的嚮往。

公司也是如此。

當我們在自身最有能力向上成長的時期，同時又感受到自己對公司的發展有所貢獻的話，我們就會對當時所處的職場，產生特別的情感，彷彿這個職場就是另一半的自己。

對我來說，「MEDIA FACTORY」就是這樣的存在。

我在此邂逅了「圖文書」這項沉睡已久的資產，胼手胝足地打造出暢銷作品，一再享受到「再版」的快感。

身為編輯，身為工作者，這是一塊讓我成長茁壯的園地。

對我而言，MEDIA FACTORY和我就像是緊緊綁在一起的命運共同體。你也可以說我是「獻身給MEDIA FACTORY的女人」！

MEDIA FACTORY就是一個讓我如此深愛的職場。

因此，當我知道MEDIA FACTORY被角川（KADOKAWA）收購時，我震驚得雙腳差點站不穩。

我投入全副精力所栽培的圖文書專門團隊，在二〇一一年才在公司中成為一個獨立部門。但同年的十一月，我就接獲了這項令人震驚的收購消息。

什麼？不是真的吧？？我就這樣無法置信地過了一個星期後，上面就確定了「成為百分之百子公司」的決策，當時我的心情完全跟不上事情的變化。

這個情況不同於按照自我意志所決定的換工作或自立門戶，被其他公司收購或合併，對我來說是青天霹靂，有如遭逢意外事故。我想，這種失落感只有經歷過的人才知道。

兩年後的二〇一三年，公司被徹底吸收合併，連MEDIA FACTORY都從此消失，我們必須掛上角川的品牌，重新出發。

辭職？還是留下？為何我做了這個決定

公司改變，文化也會跟著改變。

這是我從MEDIA FACTORY過渡到角川期間的，深切感觸。MEDIA FACTORY誕生自RECRUIT，有著既熱血又自由的公司氛圍，另一方面，當時角川的風氣則是瀰漫著一股緊張感。

老實說，我覺得這很不適合我的個性，而且有好幾位曾經一起打拚的同事都相繼離職，讓我感到非常寂寞不捨。公司又把一定年齡以上的員工叫去，告知我們提早退休的制度。

我陷入了鬱鬱寡歡的狀態，甚至因為心情低落而與下屬發生衝突。後來常常有人對我說：「那時候，我還以為妳也會辭職。」事實上，我腦中確實閃過提早退休的念頭。

為何即使如此，我還是選擇留在角川？

理由只有一個，因為我確信，只有這裡才是能創造出我熱愛的圖文書的絕佳場所。

假如我辭職，換到集英社之類的出版社，我想應該也會得到製作圖文書的機會。只不過，圖文書編輯會被定位為漫畫編輯部中的一小部分。可以預測的是，想要以一個獨立部門的身分，放手製作圖文書或訂定銷售策略，恐怕都將難如登天。對作家而言，這恐怕也不會是件愉快的事。當我思考到這裡時，就打消了換公司的念頭。

如此一來，最好的做法就只有一個了——不管公司的名號怎麼變，還是像過去一樣，以一個獨立部門的立場，與留下來的成員們，堅持不懈地編輯製作圖文書。

一直以來幾乎都是依照直覺行事的我，只有在這時候，無法只煩惱十秒鐘，猶豫不決了好久好久。

我也是在此時，第一次因為光靠自己無法決定，而上了教練學（Coaching）的課程。一小時一萬日圓的費用絕非小錢，但透過課程，「會有一個人專注地只聽我一個人說話，讓我能好好整理思緒」，能得到這樣的時間是非常寶貴的。在接受了五堂課程後，我才做出決定。

雖然我曾經如此熱愛MEDIA FACTORY，但這間公司已不復存在。

那我第二熱愛的究竟是什麼？是圖文書。既然如此，就選擇一個能讓我好好守護圖文書的環境吧。

所以我的答案是「留下」。

當環境瞬間改變時，當周圍的各種力量對自己產生影響時，人常常會迷失自我，變得無法看見自己的真正想法。

覺得自己快要隨波逐流時，更要停下來深呼吸，仔細深思「自己真正想要守護的是什麼」，找出屬於自己不可動搖的答案。

然後，既然是自己選擇的答案，就不該有任何推託之詞，只管專心致志地勇往直前！

既然是自己選擇的道路，不管最後的結果是什麼，都會是自己甘願承受的。最沒出息的就是自己不做選擇，卻把責任怪罪到他人頭上。

小栗左多里曾對我說：「做出選擇了，就要相信這是自己的最佳道路，然後堅持下去。」這句話也適時地激勵了我。

或者，可以換一個說法。無論選擇了哪一條路，最後多多少少一定都會留下某些遺憾。想要「選擇一條讓自己沒有遺憾的路」也許太難，但如果一開始就告訴自己「無論選哪一條路，結果都會有遺憾」，或許心情就會變得比較輕鬆吧？既然如此，那至少「選擇一條比較沒有遺憾的路」。這也是另一種答案。

因此，我最後決定以圖文書守護者的身分，繼續留在公司。幾年後，讓我打從心底覺得「幸好當時沒辭職！」的轉機，又再度降臨。

那是一個我預料之外的新天地——成為烹飪雜誌的總編輯。沒錯，這個選擇通往的正是讓《萵苣俱樂部》起死回生的重建之路。

毫無經驗的《萵苣俱樂部》總編輯

擔任編輯，尤其是擔任書籍編輯，都會有自己的「顛峰期」，顛峰期過了就過了。我覺得，這件事情千真萬確。

「顛峰期」就是自己的感受性恰巧與時代風格一拍即合，不管製作什麼都會大賣的黃金期。以我來說，就是三十到三十五歲那段期間。

當上圖文書的總編輯後，整體的企劃都要由我把關，同時我也擔任起了培育下屬的角色，這時候「儘量把推出暢銷作品的機會讓給後進」的想法，也愈來愈強烈。

雖然我感到往後自己的角色可能會逐漸改變，但那時我深信不疑的是，公司一定只期待我在圖文書的領域裡，好好發揮能力就好了。

然而某天，轉機降臨。

我被主管叫進會議室，他問我：「妳願不願意當《萵苣俱樂部》的總編輯？」聽到這句話時我有如青天霹靂。

我在圖文書的領域辛苦耕耘了十五年，怎麼會突然想把我調去做雜誌？難不成是降職？

雖然我腦中閃過了這麼負面的聯想，但仔細一聽才發現，好像不是這麼回事。

公司要交給我的任務是「發揮我在圖文作品上的專才，將雜誌改頭換面，讓銷售量不斷減少的《萵苣俱樂部》重振旗鼓」。

聽到這個任務的瞬間，一陣聲音在我體內作響。

那是我的熱血正在沸騰的聲音。

我在心中警告著自己：「糟糕，我的情緒會高漲到停不下來啊……」我想，我在這個時候就已做出決定了。

首先，公司要我發揮在圖文作品上的專才，是讓我點頭的一大關鍵。

在此之前，圖文作品都是以單行本為主戰場，這次則是要發揮在雜誌中。我覺得非常值得一試。這部雜誌是以已婚婦女為目標讀者，這也跟圖文書的讀者群相近，感覺上行得通。

其次讓我很有感的關鍵詞是「重振旗鼓」。因為我對烹飪不感興趣，所以過去也沒認真讀過《萵苣俱樂部》，但仔細翻閱後，不禁覺得：「這個雜誌還真一板一眼，有太多可以改善的地方了。」

當時的《萵苣俱樂部》似乎是一部老牌雜誌，裡頭的文章大部分都是寫給喜歡烹飪的女性看的（此時的第一印象，大大影響了雜誌內容的改革，關於這個部分正如第一章所描述）。

所謂的「重振旗鼓」，就是對歷史悠久的雜誌進行改頭換面，這裡頭充滿了冒險的感覺，讓我內心更是興奮得有如萬馬奔騰。

雖說如此，我當然還是有我的不安。

「不知自己是否能勝任」的不安。

雜誌總編輯（尤其是烹飪等專門雜誌）的人選，通常都是在編輯部門內尋找，由部門的成員晉升而來。

從未在部門內擔任過成員的我，突然空降成總編輯，萬一任務失敗了怎麼辦？當時這樣的不安感，幾乎將我吞沒。

我當機立斷，向一位長年擔任雜誌總編輯的朋友詢問意見，她便回答我：「妳就去試試啊。」

「現在的銷售冊數已經一落千丈了，不是嗎？既然已經落到不能再落了，那接下來就只能上升了。放心啦，一定沒問題的。」

身邊就是要有這種身經百戰的同性友人！她的話語給了我勇氣，讓我能勇往直前。

接下來我所做的事，都寫在第一章了。最後締造出「銷售冊數呈現V形大反轉」「三期連續售罄」「超越往年的競爭對手《Orange Page》」等成績，也讓我藉此答謝了許多人的恩情。

我將我過往的所有經驗，都徹底發揮在這場戰役中了。能從事一份這麼有成就感的工作，真是除了感激還是感激。

辭去總編輯——以及接下來的挑戰

我將辭去《萵苣俱樂部》的總編輯工作。

二〇一九年七月，當我這麼宣布時，身邊的人就開始問：「真的嗎？妳接下來要做什麼？」

其實，這時候我已經向公司表明，我想要離開角川的決定。

一個總編輯的事業第二春，會是什麼樣的工作？

我想只要是從事出版業的人，就一定會關心這個議題。

一直以來，只要是在總編輯的位置上有所成就的人，就會晉升至管理多名總編輯的部門總監等級，朝著董事的職位邁進。尤其是在每年都有新雜誌誕生的經濟景氣時代，部門不斷增加，永遠不愁沒有新的職位，但這些都已成過去式。

人人都對自己「接下來的方向」感到迷惘。在這被稱為「人生一百歲」的時代，勞動壽命愈來愈長，這恐怕是各行各業的人都會產生的迷惘吧？

麻煩的是，「總編輯」實在是一個有趣到了極點的工作。因此，不少人無法離開編輯的前線，比起晉升公司高層，寧可選擇「換工作到同業的其他公司，擔任其他媒體的總編輯」。

可是，站在個人角度，我並不想做出這樣的選擇。畢竟想當總編輯的話，大可留在現在的環境繼續做下去，如果真要離開，我會希望能運用編輯的視角，做一些更不一樣的工作……

正確來說，我渴望能夠找到一份全新的工作，讓我徹底發揮「身為一個編輯所擁有的技能」。

沒錯，我強烈認為，編輯的技能是一種通用性極高，能用來解決各種問題的技術。

有些人可能會問：編輯的技術是什麼？所以我先在此說明一下。

我認為所謂的「編輯力」是指「將原本就存在、卻未被定名的『價值觀』轉化成語言，包裝成一套概念，呈現在眾人眼前的能力」。

我曾與許多作家合作，這一路以來切身感受到的是「許多才華洋溢的人都很內向」。他們默默投入於創作，創造出出色的事物，卻不善於自我推銷。甚至還有很多人根本沒有察覺自己的作品多麼有魅力。

而編輯的工作就是擔任一個中間人，負責將這些價值攤在陽光下，呈現在想要的人面前。這就是編輯的職責所在。

有時，甚至連讀者都還沒察覺出自己「想要」的心情（也就是所謂的潛在需求，也經常稱之為「Insight」）。

媒合價值與需求。當兩者碰撞出火花時，就會產生不得了的能量。

這是我在擔任編輯那段期間，一而再、再而三地嘗到奇蹟滋味的同時，才逐漸體悟出的心得。

我認為，編輯這樣的技能，應該也能運用在製作雜誌書籍以外的地方。

比方說，「讓即將面臨倒閉的日式旅館重生」「讓放眼望去淨是鐵捲門深鎖的商店街復活」等等。找出當事人以為「沒有價值」的事物，用編輯的視角挖掘出新價值，將其呈現在想要的人面前。

我想挑戰的就是這樣的工作，而且光是想像，就會讓我興奮不已。

我也遇見了惠我良多的貴人——溝通總監（Communication director）佐藤尚之先生，人稱佐尚。

《萵苣俱樂部》的重建時期，我參加了佐尚老師主辦的「佐尚開放實驗室」，過程中，學到了許多有關「粉絲群」的新知。我也將所學運用在《萵苣俱樂部》的雜誌內容製作上，並藉此體驗到銷售冊數向上成長的良性循環。

當我聽到我的師傅佐尚老師要「建立一家能為各種領域，提出粉絲群方面的企劃並加以執行的公司」時，馬上直覺感到「好有趣」（這是第三次的神啟），便自告奮勇說：「我要參加！」

根據每個專案，召集最合適的夥伴，組成團隊，朝著目標前進——這種運作方式應該和我在做雜誌時的感覺十分類似。似乎能讓我發揮「團隊比賽的編輯技能」。

令我開心的是，聽到我這種有些脫離常規的跑道轉換後，支持我的決定、對我說「前景可期」「加油」的人，比我想像的還多。

過去，「編輯的事業第二春」之路，是極度狹窄、非常受限的，我希望我的選擇能為編輯拓寬道路，讓後繼者有更多選擇。如此一來，我也能以我的棉薄之力，對多年來不斷栽培我的出版業界做出回饋了。

更重要的是，我想讓世人見識到「編輯力」深不可測的力量，提高它在社會上的價值。讓「編輯力」能夠在各種工作上發揮作用，為社會帶來貢獻。

我會繼續向前邁進的。

松田紀子編輯過的部份雜誌與書籍

《萵苣俱樂部》連續售罄的3期

圖文書

《達令是外國人》
（小栗左多里 2002年12月出版）

《在職媽媽一年級生 死守下午6點接小孩底線》
（小倉直美 2011年1月出版）

《過了可愛的時期》
（青沼貴子 2009年2月出版）

《我可以離婚嗎？》
（野原廣子 2014年8月出版）

《150cm Life》
（高木直子 2003年2月出版）

chapter

3

悠哉又快樂地
做出成績來！
松田紀子的工作術

人生只有一次，
把時間用來拖拖拉拉、猶豫不決，就太浪費了！

自己的心情自己調適

第一章介紹了我在編輯雜誌或圖文書時，是如何執行的；第二章講述了我職場生涯的故事。

本章則要撇開編輯的實務內容不談，跟各位分享工作若想做得長久而快樂，有哪些重點可以注意。這些都是稍加留心就能辦到的事，以及我從過往許多的失敗經驗中記取的教訓。

工作是靠人與人的互動才能成立的。

無論你的成績再怎麼斐然，如果你總是皺著眉頭、垮著臉，就不可能有人想與你合作。

讓自己成為一個擁有正面氛圍、令他人感到「和這個人一起工作可能會有好事發生」的人，不是更有魅力嗎？

更重要的是，在工作對象的面前表現出愉快的樣子，應該是一種基本的「禮貌」。

別聽我把話說得這麼滿，其實我在剛出社會的第一年，就曾因為這件事而被痛斥了一番。

當時我在福岡一家出版社工作，有一天我要去一位客戶的店內會晤，那位客戶一直對我十分照顧。

那時的我還少不更事，前往店家前發生了某件不開心的事（只是件芝麻綠豆小事，小到都記不得了），在會晤時，我毫不掩飾地表現出了自己的壞心情。結果，一直以來都十分親切和藹的店長，竟然勃然大怒。

「妳要板著一張臭臉，就不用來了！自己的心情自己調適好再來！」

是我不自覺地將自己的不開心，轉嫁到不相干的人身上，以為對方是溫柔的人就應該包容我。我對自己的行為感到羞恥，而深切反省，改正了自己的態度。

那次愛之深責之切的訓斥，我一直銘記在心。直到現在，每當我想起那位店長時，我都會儘量將自己的嘴角揚得更高，以愉快的態度待人。

在三十歲前改掉「說話方式」

這一項是我「特別針對女性」的提醒。

女生光是「年輕」，就能讓周圍的人放水，做錯事也不會被計較。在現今的日本社會，這是不爭的事實，例子比比皆是。

當然也有許多女生從中占了便宜。

對於此事，我的基本態度是，如果這些年輕女性最後還是能把工作做好，那也沒什麼不好；但如果一開始沒搞清楚這種特殊待遇是「期間限定」的，最後吃到苦頭的還是自己。

有時候會見到像這樣的人：

一個出了社會二十年以上的女性，恐怕早已年過四十，但在職場上，還是只知道攀權附貴、討好握有決定權的人。

說真的，這樣真的很丟人現眼。

「這個人根本就是到了四十幾歲，還只知道那些三十幾歲才管用的招式吧。」我總是一邊這麼暗忖，一邊為對方感到遺憾。

除此之外，我也見過許多年紀比我輕的朋友，一過三十歲就開始唉聲嘆氣道：「以前的做事方法好像變得不管用了……年紀比我小的同事愈來愈多，前輩又逼得愈來愈緊，到底該怎麼辦才好？」這是因為過去前輩們會因為對方年輕不懂事，睜一隻眼閉一隻眼，但過了三十歲的人，在他們眼裡就不能再用年輕不懂事來一語帶過了。如果不能及早察覺此事，好好累積實力，只會讓自己愈做愈吃力。

如果不能在各種情境下，學會該有的說話方式、做事態度，同時又拿出成績的話，就無法得到信賴，而會淪落到愈來愈不具重要性的職位上。我建議各位在超過三十歲後，就要慢慢放下二十幾歲時的做事方式，摸索出一套新的工作模式。

另外，下屬向我徵求意見時，有一種說話模式令我感到十分困擾，那就是「滔滔不絕地說著聽不出重點的話」。

「A和B我不知道該選哪一個，其實我傾向於選A，理由是如何如何。反過來說，若選B的話，則是會如何如何。松田姐，妳覺得哪個比較好？」

如果是這樣詢問我的話，我就可以立刻答覆。但有時候聽到的會是——

「有A和B兩個選項，我是覺得A不錯，但B又有如何如何的優點。可是，選A的話就會如何如何，選B的話……」

在描述的時候，兩種狀況反覆交叉進行，而且滔滔不絕地說個不停。這種時候我都很想打岔道：「嗯，你到底想選哪個？」

更甚者，還會冒出C選項、D選項來，讓人愈聽愈一頭霧水。

詢問意見時，會犯下這種毛病的下屬，是因為對他們自己的選擇沒有自信，所以會說得好像A也可以B也行得通，兩者無法取捨，這種時候不妨在開頭加上一句：「因為我沒有自信，所以很猶豫該選哪個。我自己是覺得好像A比較好。」這樣就能讓聽者更容易抓到重點。

我也曾經多次為了下屬的未來著想，而叮嚀他們：「最好趕快改掉這種說話方式唷。」

我自己的做法是，每次參加會議、聽取簡報，或者在進行一對一的對話時，若發現某個人的說話方式乾淨俐落又好懂，我就去模仿對方的說話方式。從模仿開始做起，是最簡單便利的方式，推薦給大家。

對「必須如此」的規則不太上心

經常有人對我說：「好好喔，妳的工作怎麼這麼自由。」

搞不好對方其實是有點想酸我，但直線思考如我，總是只接收字面的意思，並回答：「對啊，我工作得很開心。」

他們所說的「自由」是指什麼？

在公司裡，能避開的事就絕不插手，只要一連提出好的企劃案，之後就能逍遙地出外閒晃的工作模式嗎？

還是即使在小事上被人糾正，也能我行我素地認為「反正到時候做出成績，大家就沒話說了」的工作態度？

說老實話，我反而認為「大家可以乖乖地坐在辦公桌前工作，真是認真……好厲害啊……」

以我個人的情況來說，一天被關在公司裡八個小時，還不如到外頭去面對面傾聽他人聲音，更能讓時間有效運用在工作上，也更能做出好成果。我是必須掙脫束縛才會有好表現的那種人。

我認為，成就已到達某個程度，職位也有其分量的人，應該率先「跳出框架」，為他人帶來示範效果，周遭的人、手下的成員才能工作得輕鬆自在。

公司裡有朋友知道我要離開公司後，依依不捨地說：「妳離開的話我會很困擾吔。因為每次看到妳，都在激勵我可以做更多跳出框架的事，妳離開後，我就失去可以追隨的背影了。」

我在某種程度上，可能像一個握有免死金牌的人，做事都不必按照規矩來，但我認為，即使不能做到像我這樣，在工作上還是有很多其他的方式，能讓自己保有心靈上的自由。別被「必須如此」的規則束縛，各位不妨在允許的範圍內，一點一點地試著跳脫出既定框架。

自己真的想好了才換工作

根據自己的意思換工作的經驗，至今有過三次。

一是離開畢業後第一份地方雜誌出版社的工作，以約聘員工的身分進入RECRUIT公司的時候。

二是獨自離開九州前往東京，進入MEDIA FACTORY，第一次當上書籍編輯的時候。

三是決定從出版業界功成身退，邁向一個新舞台，挑戰全新未來的這次。

我總是根據自己堅定的意志做出決定。

尤其是第二、三次，我都是抱著一種朝向新世界振翅高飛的心情爽快地做出決定，因為我覺得自己在當下的那份工作裡，已把自己能做的都做盡了。

我認為，換工作這件事，一定要自己強烈感到錯不了才去做。

「因為別人建議我換工作」「因為不怎麼喜歡現在的公司」，若是根據這類模稜兩可的動機換工作，之後不順遂的話，就一定想把錯怪到別人身上。

只要自己的意志十分明確，那我覺得，就算換一百次工作也沒關係。

相反地，當自己的意志不可動搖時，就算身邊大部分的人選擇了離開，自己也會堅定地選擇獨自留下。「公司被收購」的時候，我就是做出了這樣的決定。

相信自己所選擇的路，堅定地走下去——這雖然是老生常談，卻也是人生的不二法門。

面對主管要對症下藥

做自己想做的工作時，最好努力讓主管和你站在同一陣線。

這不是教你每天討好主管、巴結主管。

我會採取的策略是「投其所好，對症下藥」。

首先，主管換人時，必須打聽一下曾在他手下工作過的同事（最好能有兩人以上）有什麼樣的經驗，問他們：「平常溝通的時候，有什麼要注意的地方？」

比方說，有一位主管注重的是「他以電郵詢問問題時，下屬有沒有立刻回信」。得知此事後，我就在剛開始的幾週不斷提醒自己：一收到那位主管的電郵，就要立刻回覆（第一印象很重要）。

後來那位主管就覺得，他跟我可以毫無壓力地溝通，我簡直就像是他肚子裡的蛔蟲。

因此，只要掌握住重點，剩下的部分都能自由發揮。

此外，主管也是人，會有自己的喜怒哀樂，遇到敬愛自己的下屬時，怎能不多加疼愛呢？這件事在我成為主管之後，更是有切身之感。

利用「徵求意見」「請教工作術」這類簡單的方法，也能有效地拉攏主管的心。

晉升後就是「學習的時刻」

當我升到「總編輯」後，我就開始積極為自己安排「學習時間」。過去我很少在職場以外的地方進修，當時我剛好閱讀了林達．葛瑞騰（Lynda Gratton）的《一〇〇歲的人生戰略》，了解到「如今已是人生一百歲的時代，接下來還要工作很長一段時間，我不能再繼續維持現狀了」。我的心中也開始有了危機感。

在培育團隊成員及後進的同時，我也想繼續鍛鍊自己作為一名編輯的直覺與感性。下定決心後，我開始儘量向公司外發展，參加各行各業、各年齡層的人都會參加的私人或公開講座。

總編輯的工作本來就很忙碌，再加上定期參加講座，每天的行程都變得超級緊迫。但我相信，那些時間對當下的自己而言，是必要且無可取代的，再者，正因自己是不惜縮短睡眠時間也要去學習，才會督促自己從中獲取更多寶貴的資產。

員工當久了，在公司裡能稱作老師的人就愈來愈少，但在公司以外，能擔任我的導師的人，要多少有多少。

過了四十歲，還能遇見擁有相同熱忱、關注相同事物的新朋友，也是一件開心的事。

在公司，我是別人眼中身經百戰的老手、霸氣外露的人種，因此總會感到一絲絲的高處不勝寒，但到了外面的世界，就能發現有很多和自己「同物種」的人，也會因此受到鼓舞。

哇！原來同類在這裡！我們終於相遇了！

這種感動就像曠野中獨自生存的一匹野生動物，遇上了一群同物種的動物。我的四十世代因為與這些具有相同能量的朋友、恩師們相遇，而被注入了龐大的能量。

年過四十，也不該放棄夢想，不必安於現況。四十還年輕，還可以盡情闖蕩。我之所以能像這樣擺脫刻板印象的枷鎖，都是因為我有幸在四十世代，遇到了這群精力旺盛、活力充沛的朋友。

一旦決定就不拖拉

一旦決定要做，就採取行動。做出決定的下一秒，就是行動的開始。

這是我這幾年來一直秉持的原則。

我想自認「拖拖拉拉、無法付諸行動」的人恐怕不在少數，但一切事物的創造都是從行動開始的。

書本前的各位讀者也是先將「購買」「閱讀」的決定化為行動，才能讀到這裡。

我們的人生是透過「每個微小行動的累積」創造出來的。

光是知道這些，仍提不起勁來付諸行動的話，那就請你先「在腦中鄭重宣告：『我要去做！』」

方法是，想像自己將自己的宣言，牢牢地放進額頭內。

額頭內側是大腦額葉，據說額葉掌管的是人類自由意志下的行動。

據說，只要在額葉中置入「我要去做！」的意念，大腦就會自動提取出過去相關的經驗和資訊，讓自己更容易做出下一個動作。由於腦內只設定有「我要去做」的指令，因此無暇顧慮「萬一失敗怎麼辦」。偶爾的焦慮，往往也是出現在身體疲憊的時候，這時我會倒頭大睡。再不然，也可以跟能讓自己感到開心的人見面。通常只要用這兩種方法，就能排遣掉焦慮的心情。

我是在今年夏天正式開始學習教練學後，才知道這項理論的。而我得出一個結論：「我真是個額葉型的人！」

因為一直以來我都是一旦決定「我要去做！」就幾乎會在同一時刻開始付諸行動，不會拖拖拉拉。

「我要前往東京，成為書籍編輯！」

「我要在三十歲前編輯出百萬冊的暢銷書！」

當我在腦中這麼宣告後，就會朝著那個目標狂奔。而我的行為也會逐漸轉變成一切都只為了達成那項目標。我會把目標放在大腦的某個角落，時時刻刻摸索著現在的我能為此做些什麼。

當我們做出積極的決定時，行動自然會變得積極；當我們做出消極的決定時，行動當然也會變得消極。

只要有技巧地哄騙大腦持續朝積極的方向前進，我們就能持續不斷地勇往直前，同時又樂在其中。

人生只有一次，把時間用來拖拖拉拉、猶豫不決，豈不浪費。

各位不妨也嘗試看看這種做法。

形勢弱則智慧出

只有大型企業才有能力創造出劃時代商品或熱門之作。如果你是抱著這種想法而放棄挑戰的話，就太可惜了。

我們還有很多可以努力的地方。

有很多創新的挑戰，反而是中小企業才能辦到——這是我在銷售圖文書《達令是外國人》時學到的一課。

當時的MEDIA FACTORY公司，雖然也曾推出過暢銷的圖文書，但一直沒有妥善經營圖文書的領域，這個部分我在第二章已經談過。

換言之，在書店裡幾乎沒有放圖文書的「書架」，所以我們有必要在「銷售方式」上多花心思。

如果把圖文書當成漫畫作品，把它們放在「漫畫類」的書架上，將會是十分危險的事。長期以來，漫畫區一直是大型出版社的兵家必爭之地，根本沒有弱小出版社的立足之地，書籍一上架，馬上就會被他們擠掉了。

當年的總編輯對這方面的戰略非常有研究，那時候「女性散文類」的書籍開始竄起，零零星星出現了一些暢銷作品，總編輯便決定將書籍的銷售，鎖定在「女性散文類」的書架區。

他的判斷是，若要讓書店將書放在這個書架區，書籍尺寸最好採用比一般漫畫單行本略大一些的開本，才會跟漫畫區隔開來。當時，二十五開的書籍在價格上還不太固定，這也是決定要素之一。

使用這種開本，可將分格、台詞都畫得比較大，而能讓不習慣看漫畫的人感到「容易閱讀」。而且圖文書的畫作風格也與二十五開一拍即合，使其散發出一種全新的存在感，也因此日後才逐漸建立起「圖文書」這個專門類別。

正因處於弱勢，才會絞盡腦汁擠出這些智慧，進而大獲全勝。

當我從這個角度來看這件事時，就會發現「沒有什麼事不能透過創意巧思來決勝，不用太早放棄」，同時感到熱血沸騰起來。

分配工作時，要讓喜好與專長妥善發揮

對於如何栽培團隊成員一事，似乎有許多人感到沒有自信。

我個人的做法，與其說是「栽培團隊成員」，不如說是「激發出每個人的能力」。因為這個業界販賣的是感性，所以我相信，讓每個人發揮各自的「喜好」與「專長」，才能創造出優質的內容，進而使書籍暢銷。這是我在帶領團隊上的基本理念。

在編輯部裡工作的人，一定都各自懷抱著「總有一天我要做如何如何的企劃」的想法。

既然如此，那我在工作的安排上，就會盡可能讓他們做的工作接近自己的夢想，當事人提出自己躍躍欲試的企劃時，我也會大力支持，讓提案一路通過。

對於擅長或喜愛的事物，人自然願意傾注自己的熱能，因此工作也會進行得非常有效率。

關於演藝圈的企劃，就交由演藝圈達人的成員負責。這麼一來，還能省去從基礎開始

查詢的基本功，工作會以好幾倍的速度前進，包含我在內的每一個人，都會因此而工作得沒有壓力。

此外，若有成員是「沒有擅長領域」「沒有想專精的類別」，我就會辨識該成員的氣質，儘量分配比較合適的類別給對方。比方說，如果是做事看起來一板一眼的人，就讓對方負責理財特輯；如果是文青，就讓對方編輯能發揮文青特色的圖文書。當他們逐漸建立起自信後，自然會連其他工作都能輕鬆完成。這就是我培育出許多編輯的方式。

有困擾就立刻解決

主管的工作就是為下屬打造出能愉快工作的環境，這也是讓部門成長茁壯的重要基本功。

我的基本態度是，第一線的工作儘量都放手讓團隊成員去做，包括對細部的判斷決策，並告訴他們：「有任何困擾儘量跟我說。」但我也不會被動等待他們求援，只要發現他們遇到自己難以解決的困擾時，我就會儘早出手幫忙。

舉一個曾經發生過的例子。

有一名團隊成員因為調職之故，不得不把正在進行的企劃，交接給另一名成員。其實這種情況還滿常發生。但那次因為交接上出了一些差錯，使得接下來的工作進行不順，於是合作方對這名新的責任編輯，產生不良印象，而不停對她打回票。我一發現此事，就立刻將這項工作扛下來，讓新的責任編輯擔任我的副手。雖然她因為沒做好交接，而衍生出許多問題，但這時追究責任，也只會讓截止日期愈逼愈近而已。既然如此，不如由我自己扛下責任，修復好我們與合作方的關係。那名成員也許是學習了我的做事態度，從此之後就再也沒有發生過類似的失誤了。

如果換成我是下屬，發現「一遇到困擾，主管就會立刻為我採取行動」的話，我內心一定會十分振奮。

利用主管的立場，一口氣為團隊解決掉共通的困擾，也是十分重要的事。

舉例來說，報帳是一個十分常見的困擾。不知為何，當編輯的人往往不善於報帳，我也是如此。

收到交易方寄來的帳單，確認金額後，先請總編輯蓋章，再送到會計部門，幾天後卻被退回來說「稅額不對」而被命令重新報帳……這時的心情就會像洩了氣的皮球。萬一還把一整天的時間都花在這上面的話，那簡直會讓人懷疑人生。做這些純粹是在製造大家的壓力。

因此，對於積壓了一堆帳單不報帳的部門成員，我也無法真心斥責，便乾脆想了個辦法，讓大家都能免於報帳之苦。

我請來一名專門負責會計事務的派遣員工，一手包辦大家的報帳工作，吸收掉部門成員的壓力。報帳是這名派遣員工的專業，可以輕鬆上手，因此又快又不會犯錯。至於部門成員們則是能將報帳的時間，花在編輯工作上。這可能是我當上總編輯後最深得人心的德政吧（笑）。

能為下屬發飆

「松田姐，妳看看這個！」

《蒿苣俱樂部》的熱門企劃——附錄別冊〈一個月分的菜單月曆書〉被另一家雜誌幾乎完全照抄，發現這件事時，震撼了我們編輯部。

負責這項企劃的副總編輯，是一個文靜內斂、做事認真，不會將憤怒表現出來的人。但我可以想像她的內心有多震撼、有多憤慨。

我當然也覺得不甘心。但最不甘心的人，還是將這項企劃從零開始做起來的她。

我的解決方式是，先和局長、法務部門商量，再向對方的出版社寄出警告信。老實說，和法務部門來回溝通，是十分折騰人的事。然而，一想到她和編輯部受到的委屈，就覺得不能摸摸鼻子自認倒楣。結果，過了一陣子，對方寄來了道歉信。

一直壓抑著怒火的副總編輯，在我將道歉信拿給她看後，原本緊繃的表情似乎稍微緩和了。在那之後，她也一如往常地完成各種高精度的工作。

因為如今事過境遷，我才在這裡老實告訴大家，其實當時的我並沒有那麼憤慨。優秀的企劃被剽竊，在出版業界是稀鬆平常的事，我自己也遭遇過許多嚴重的剽竊事件，所以當時的心境就是「唉，又來了」。

但真正重要的是企劃負責者的感受。

站在她的角度來看，當她知道自己嘔心瀝血製作出的企劃被抄襲時，如果總編輯還雲淡風輕地說「這種事經常發生啦」，只會讓她更失望而已。

所以，我要跟下屬同仇敵愾，不，是要比下屬更加憤慨地表現出我的怒火。

只要讓下屬覺得「主管是這麼認真地想要守護我做出的成果」，他們的心情一定會輕鬆一大半。關於此事，其實二十幾歲時，我也有過經驗。

當時，我第一次製作的圖文書《達令是外國人》大賣，採訪及翻拍成戲劇的邀約不斷。

某天，一間電視台的製作公司打電話來向我詢問：「能不能將這部作品放入翻拍成電視劇的候補名單裡？」

「好，可以唷～！」我二話不說地答應，並在對方指定的傳真中，寫下允諾此事的相關內容，再回傳給對方。但隔了一會兒我想起，我跟其他電視台已經在談授權改編成影視的合約了（喂……）。

……慘了。我立刻撥了電話過去道歉解釋，但對方一聽便勃然大怒。

「太扯了，我這邊都已經說好了！」

「……是，真的非常對不起。可是……」

說到後來，連對方的主管都出馬了，對我也是一陣怒罵。我只能愈來愈低聲下氣地道歉，話都說得語無倫次了。

就在此時，總編輯察覺到我的異狀，便一把搶去話筒，盛氣凌人地和對方吵了起來，氣勢完全不輸對方。

「我們家的松田做事才不會這麼隨便!!」

（不，我真的有做……）

喀嚓！

總編輯一把將電話掛掉，高漲的氣焰有如在拍企業劇。當他情緒恢復後，就對我說：

「松田，去把妳傳真給對方的文件拿來。」

看了我交給他的文件後，總編輯哈哈大笑起來。

「松田哪～妳真的都答應對方了吔。」

「是的，對不起～」

慘了慘了，總編輯剛才那麼大聲咆哮，該不會變成火上澆油吧？總編輯看到我難得這麼畏畏縮縮地發著抖，便為我上了意想不到的一課。

「別擔心，剛剛那樣做沒事的。那也是一種交涉方式。三十分鐘後，我會再打電話過去向我剛剛咆哮過的對象道歉。因為他們是接受電視台發包的製作公司，所以現在對電視台無法交代吧。畢竟是我們擁有原著的著作權，所以只要跟對方說，我們會直接向電視台賠罪並說明狀況，問題就能解決，對方也不會信用掃地，是吧？」

原、原來是這樣？竟然可以這樣交涉，我驚訝得下巴差點掉下來。

總編輯後來也真的態度一百八十度大轉變地回撥了一通電話，以低姿態賠罪，最後事情也圓滿落幕。

而我經過這次事件，發現了一件事——主管為了保全下屬，是可以搭台演戲的。遇到緊急時刻，有一種主管是從下屬面前夾著尾巴偷偷逃掉，另一種則是為下屬站上前線全力奮戰。哪一種主管更能服人，答案應該不言而喻。

我希望自己能儘量成為後者。

規勸與賠罪都要面對面

不得不規勸手下成員時，儘量單獨私下以面對面口說的形式進行。

透過電郵無法看見表情，也很難傳達語感，有可能產生多餘的誤解，這是我從自己失敗的經驗中得到的教訓。

我最愛的MEDIA FACTORY被角川收購後，約有三年時間我一直處於精神極度不穩而自顧不暇的狀態。

就在此時，圖文書部門即將推出的年輕作家被爆出抄襲問題，使得部門內的氣氛更加惡化。

抄襲問題最終解決了，但承受著巨大壓力的我，終於忍不住發了一封電郵，責備那一名責任編輯。

不難想像，當主管單方面發電郵斥責下屬時，會對下屬造成多大的心理負擔，我如今敢發誓自己絕對不會再犯下這種錯誤，然而當時只能說我還太年輕，狀態也不夠穩定吧。

我後來得知，那封電郵讓責任編輯也陷入了極大的壓力中，我便主動向對方賠罪，而且是面對面好好道歉。這次經驗對我往後的言行舉止，產生了重大的影響。總之，話要當著對方的面說——這是最簡單也最重要的唯一解決辦法。把自己的焦慮或憤怒，轉嫁到別人（而且是團隊成員）身上，是最差勁的行為，我也牢牢記住了這次教訓。

今日，辦公桌輪用制（Hot-desking）等無特定「座位」的職場愈來愈多，且由於遠端辦公的普及，員工不進公司就能工作，因此「不必面對面的情境」也在增加。但正因如此，和重要的對象對話時才更要直接面對面。

溝通上只要有一點點誤會，就有可能毀掉與團隊成員之間寶貴的信賴關係，這種事情絕對不能發生。我在反省之中學到了這一課教訓。

我自首！我的謝罪三連發

雖然我經常被吹捧為「讓雜誌銷量V形反轉的總編輯」，但背後也有過很多失敗經驗。

犯錯後，重要的是「立刻道歉！」不要拖拖拉拉，立刻奔上前去道歉。因此，我要在此毫不保留地說出擔任《萵苣俱樂部》總編輯期間的三大罪狀，並向各位當事人賠罪。

記帳本事件

剝奪別人依戀的事物，就會自食惡果。

讓我對此有切身之痛的，就是「記帳本事件」。

〈史努比記帳本〉是《萵苣俱樂部》持續了十年以上的特別附錄，固定一年發行一次。我自己是完全沒有記帳習慣，也聽到身邊很多已婚婦女說她們根本沒有時間寫記帳本。周圍絕大部分的人也都是用智慧型手機或Excel記帳。

我根據自己見到的狀況，未經深入調查，就決定「從今年開始將這個附錄停刊」，但事後證實這是我的一大誤判。

我們推陳出新，將記帳本的附錄改成手帳本，但一推出，過去沉默的讀者就一個接一個地站了出來。我們一天可以接到十封抗議的電郵，電話也響個不停。

過去我們也沒聽到什麼讀者說：「每年我都好期待看到新的記帳本附錄！」但實際上竟然有這麼多讀者懷抱著這種「沒有說出口的喜愛」。

真的非常對不起各位！都是我的錯!!

經過虛心而深切的反省，在隔年的同月分我就讓記帳本附錄完好如初地復活了。

死床特輯事件（編註：日本性科學會在一九九四年提出「無性關係」概念。）

某次編輯會議中，有人提到：「好想做一個企劃，內容是類似以讀者為主體的死床白皮書。」當時大家也反應熱烈，我就想說要找個機會來執行。

後來，恰巧某期預定的小特輯企劃破局，我就臨時決定用分量差不多的死床特輯來填補。負責該特輯的成員也很努力，最後呈現出了十分有趣的內容。

但是，當我把放了標題的封面校樣，發給公司內部傳閱時，業務部的承辦人立刻衝過來說：「我怎麼都沒聽說?!」

啊，糟糕，我忘了！

一般來說，當我們決定好有哪些特輯後，就要立刻通知業務部，然後業務部就會根據那些特輯的項目（只是預定）出去跑業務。

死床特輯是事後更換主題的，而我也一時疏忽，忘記將此事通知業務部（喂……）。

雖然我覺得，編輯部對雜誌擁有獨立的決定權，首要的任務是製作出能讓讀者喜歡的內容，但這次的情況會讓業務部臉色發青，也是理所當然。

最大的問題不是出在特輯以床事為主題，而是「客戶拿到雜誌時，標題和內容跟事前說明的不一樣」。而追究原因，完全是我的疏忽。

「我要立刻道歉！請帶我到客戶那裡！」

遇到這種情況，基本原則就是立刻行動。

最後，許多客戶都十分溫暖包容，讓事情不致演變成「重印」「回收」的悲慘下場。《萵苣俱樂部》真的很幸運，得到這麼多好客戶的支持。

放下心中一顆大石後，我當然也在回程路上拚命對業務部成員道歉，連我犯下這種錯誤，他們都肯耐心地帶著我到處賠罪，我由衷地感謝。那時真是抱歉了。

試映會事件

即使是自己沒有犯錯的時候，也要出面全力道歉。

讓我的賠罪又向上躍升一級的，就是「試映會事件」。

當時，我們舉辦了一場電影的試映會，邀請了一百位《萵苣俱樂部》的讀者來參加。帶著期待的心情前來觀影的讀者，擠滿了整個試映間，播放時間即將到來時，舞台幕後卻發生了緊急事態。

電影放映機竟然早不故障、晚不故障，偏偏挑在當天故障。無論我們怎麼嘗試，它說不動就不動。而我們也沒有預備其他放映機。

即使我們修理到最後一刻，但它還是毫無動靜。試映間人聲鼎沸，已經火燒眉毛了……

「我昨天買了一百張提前販賣給相關人士的電影兌換券！我放在公司裡。」

頓時，這位影視事業部的男性彷彿天使降臨。

我拜託他馬上去取來，然後為機械故障一事，向前來現場的讀者賠罪，並贈送每人一張電影兌換券，以表歉意。

雖然電影放映機的故障是不可抗力，但我既然身為《萵苣俱樂部》的主辦者，邀請大家前來，此時當然必須由我出面道歉。

我深深一鞠躬，用幾乎要下跪道歉的態度，誠懇地向大家賠罪。

幸運的是，讀者們在了解情況後，都表示諒解。我相信其中一定也有讀者是遠道而來，當時我真是感動到淚水差點奪眶而出。

出錯的時候，就要盡力補救。如果自己出面道歉能解決問題，就要毫不猶豫地站上前去。

表現出這樣的態度，或許才是賠罪的真諦。但說實在話，能不要的話，未來實在不想再做這種事啦……

順帶說個小故事。

某次，我們一行人要去賠罪時，我一個不注意，竟穿了一套華麗的洋裝登場（喂……）。

來到集合場所，前去賠罪的一行人，全都穿著一身黑的服裝，除了我以外。那畫面像極了舞孃和她的一群伴舞。

「慘了，我應該穿樸素一點的衣服……」我的內心已是波濤洶湧，但當下我也無計可施。如果表現出慌張的神色，只會讓其他人感到不安，我只好故作鎮靜，用滿不在乎的表情，表現出一副「我這個人的人設就是連這種時候都要很浮誇」。

進入房間內賠罪時，我把頭多壓低了五公分，死命鞠躬道歉的事，也就不在話下了。

消除「霸氣感」的垂墜飄逸戰術

年過四十的女性最好明白一件事：自己已經逐漸成為一個對周圍會散發出「霸氣感」的人了。

因為我眼角上翹、肩膀又寬，所以經常有人對我說：「在見到妳本人之前，都以為妳是有點可怕的人。」

確實，我本來就知道我像個「女子漢」，當我得到成就和頭銜後，就很可能閉口不語也會帶給對方「霸氣感」。

有鑑於此，這幾年來我特別留心於如何「消除霸氣感」。

首先是穿著，我會儘量選擇垂墜感材質、且帶著明亮的女性化氛圍的衣著。過去在MEDIA FACTORY任職期間，我甚至會穿著運動衫或圖案標新立異的二手衣進公司，因此現在這種穿著，對我來說，已經達到「偽娘」的境界了。

但我發現，似乎就是要做到偽娘的地步，才會讓周遭感到安心，所以這幾年來我都以

Cosplay的心情，穿著裙子和連身洋裝。

在購物上，我沒有時間慢慢精挑細選，所以我非常依賴月租型（月付固定金額）的個人造型師服務。我是「airCloset」的忠實顧客，只需每月繳不到一萬日圓的費用，就能租到三件適合自己體型的衣服，如果特別喜愛哪一件，還能以較低的價格購入。這樣的運作模式十分有效率，讓我愛不釋手。（譯註：三件衣服是由職業設計師精心挑選，會放在一個盒子中寄出，使用者想嘗試新衣時，只要將盒子寄回即可。）

我最常逛的實體店是「Treasure Factory」，這是一間一件衣服價格三百日圓起的超便宜二手衣店。最吸引我的點，當然是能讓我大買特買的低廉價格。我每次的購衣模式都一樣：先把整間店逛一遍，挑出約二十件衣服，然後在試衣間裡慢慢選擇，最後購買五到七件。每次來這家店，都會讓我特別雀躍，我喜歡得不得了！老實說，說不定我來這裡的頻率，比去書店還要高（笑）。

有些人喜歡購買上等質料的高級服裝，細心保養、長年穿著，而我正好相反。

我喜歡大量購買便宜的衣服，穿了一季之後，就把舊衣處理掉，再買一批新的。一方面是因為我不善於保養衣服，另一方面可能是因為我的個性就是喜歡經常增添「新元素」，即使在穿衣方面也不例外。

用最省時的方法「不再當個疲態大嬸」

順便再跟各位聊聊一件事——「外貌的維持」其實也頗為重要。

我會儘量不讓自己變成一個疲態畢現的大嬸。我想，外貌上朝氣蓬勃的人，看起來一定比較有魅力。

因此，我會在能力所及的範圍內，努力維持健康的外貌。

為了維持皮膚和體型的狀態，我每週會上一到兩次的熱瑜伽，至今已持續了七年。大量流汗後，身心都會感到無比清爽。我覺得，自從我開始做瑜伽後，情緒似乎變得比較穩定，肩膀僵硬的症狀也減輕了。現在瑜伽已經成了我生活的一部分。

此外，因為我已超過四十五歲，體力的強化刻不容緩，所以我也開始上私人教練的健身課。畢竟想要長久工作下去，就必須要培養足夠的體力。

「我要讓上臂瘦掉一半！」我將這個指令置入大腦額葉，拚了命地舉著槓鈴。我似乎天生就愛這種把自己逼到極限的感覺，到目前為止都很樂在其中。

想要留給人好的第一印象，我覺得還有一個部位的維護保養與皮膚同等重要，那就是「頭髮」。

如果任由頭髮毛毛糙糙又夾雜白髮的話，自然會給人顯老的感覺。

當我騰出兩小時左右的空檔時，就會用手機APP預約附近的美髮沙龍，進行染髮和護髮。每次做完都能變得神清氣爽，心情也會很美麗。我還會抽空上美甲沙龍，快速做個指甲。這些都是善用「MEZoN」和「HOT PEPPER Beauty」的服務，前者是只要繳交固定金額就能預約美容沙龍，後者是相關店家的搜尋預約網站，而且經常提供高額的優惠。

做護髮、頭皮SPA按摩或美甲時，我並沒有指定的沙龍，預約店家的基準是「我空閒的時間能快速抵達的場所」，但剪髮就不同了。

剪髮的話，我只讓一位表參道的帥哥美容師幫我剪，因為他剪的鮑伯頭，有著絕妙的輪廓線，又給人優雅脫俗的印象，而且剪後我也能輕鬆整理成形。

如果每個部分都要全力以赴地維持，時間就會不夠分配，所以可以偷懶的地方我還是會偷懶，並且適當調配時間的鬆緊度，用最省時的方法維持住外貌。

當網路上有便利的服務可使用時，不妨大膽地給自己一次嘗試的機會。

不必對育兒和家事懷有罪惡感

我有一個即將上國中的兒子。

有些人對於我身為在職媽媽，一邊做著總編輯的工作、一邊照顧小孩的這個部分很感興趣，因此我想在此也稍微談談我的育兒觀。

首先必須理解的是，只要自己在工作，育兒的時間就一定會被壓縮。

但我認為不必因此感到愧疚。

濱田敬子（日本媒體《Business Insider Japan》總編輯）和我在同一家醫院產下一子，自此她就成為我的「最強媽友」，於公於私她都與我有十分密切的往來。她的上一份工作，是在新聞週刊《AERA》擔任記者，當時她追蹤採訪過許多在職媽媽，對她們的實際狀態十分了解。而據她所言，她沒有看過比我更沒有罪惡感的在職媽媽。

「大家在帶小孩時都這麼有罪惡感嗎？」

我這樣的反應，似乎又讓她更加確信她的看法。

週間的晚上，我幾乎都沒辦法和兒子一起吃飯。學校的家長會我也是一年好不容易才能參加一次。

兒子過了一歲後，我就都得靠保姆和高齡人力中心請來的長輩，幫忙我帶小孩。

兒子一歲後，我除了聘請家庭教師，也會不時請保姆來幫忙。

為了讓自己能無後顧之憂地投身於工作，我先生也得加入育兒的行列（我先生做起菜來比我厲害）。

為何這樣的我還能沒有一絲罪惡感呢？

一言以蔽之的話，理由就是——

「你現在能快快樂樂地活著，都是因為我生下了你。」

我明白這個論點很大言不慚，我也知道很多人會對這種論點產生反感，但我確實是以這樣的想法育兒的。

我也只能跟我兒子說：「沒辦法，因為你就是當了我的兒子。」但與此同時，我也會盡全力讓他明白，人活在世上能多麼開心、快樂，每天都有好多好多令人高興、雀躍的事等著發生！自己的人生要靠自己創造！

只要跟孩子相處時落落大方地表現出「事情就是如此」的態度，孩子就不會抱持著疑問和不滿。

我偶爾比較早回到家時，他還會驚訝地問我：「今天真早，發生什麼事了？」我的兒子十分清楚且能理解，我有在工作時心情就會比較好。關於這點我只有深深的感謝。

再說，小孩的教養不可能只有來自父母。

私人及托兒所的保姆、老師、鄰居的媽友和爸友、少年棒球的教練……孩子身邊存在著許許多多的大人。我覺得，兒子就是從中學習到這世上有形形色色的大人，進而更了解自己是什麼樣的人。

忙。

最近，我先生為了照顧雙親，不在家的日子愈來愈多，因此我也請我母親從長崎來幫忙。

我的母親對自己的孩子（我和姐姐）完全沒有多餘期待，她的育兒方針非常大而化之，認為孩子「只要活著就夠了」，是個厲害的狠角色。

我可能也受到她很大的影響吧。

該出手時要能拉住孩子

這樣聽起來，好像變成是在炫耀我可以多麼地放任自己的兒子不管，但仍然有些照顧是只有父母才能給的。

每當遇到「該出手」的狀況時，我都會好好面對他。

孩子的心事通常是表現在表情、態度上，而非言語上。

看他表情感到「嗯？好像不太對勁」時，我就會問他：「發生什麼事了嗎？」

自己正在忙碌時，如果孩子說「媽媽，我跟妳說、我跟妳說」，我們往往會回「等等再說」。可是，如果一直都是用這種方式互動的話，孩子就會覺得「有事時不能去煩媽媽」，而養成有話也不跟媽媽說的習慣。

進入青春期後，兒子連「我跟妳說」都不說了，因此我都會偷瞄他的表情，藉此觀察他的狀況。

孩子在他們的世界裡，也有著各式各樣的壓力。當他們遇到無法克服的危機時，我不會用大道理去逼他做什麼，反而會刻意打造一條退路，讓他逃到一個能讓心靈得到喘息的避風港。

但我確確實實地看到他一次又一次地，在避風港中得到療癒後，花了一段時間自己又重新站起來，正面迎向問題的模樣。孩子遇到危機時，不指責，讓他有處可逃。等到他身心都穩定下來，能靠一己之力迎向挑戰時，再為他的努力而加油。如今我在育兒上的所有作為，似乎就僅是如此而已。

兒子是我的啦啦隊隊長

我不太將我的兒子當成小孩子看待，平常也會跟他聊關於我工作的事。自己的母親編輯過暢銷書，又當過雜誌總編輯，這對我兒子而言，似乎是一件引以為傲的事。

所以，當我決定要辭去總編輯工作，暫時離開出版業界時，我最不知該如何啟齒的對象，其實是我兒子。

「跟你說喔，我決定不當總編輯了。我也會離開現在的公司，換一個工作。」

「啥，真假？這次要換什麼工作？」

「我要進一家叫做Fanbase Company的公司，我想在那邊用我在編輯工作上累積的能力，來幫助其他公司。」

「太強了吧！去了那裡也要拿第一喔！」

這句話讓我好窩心。
最後僅存的一絲依依不捨，都在此刻一掃而空。

兒子，謝謝你的加油打氣。
今後我也絕對不會讓你因為成為我的兒子而感到後悔的！

後記

以前總覺得，編輯出自己的書似乎是在侵犯作家們的領域，但如今因為我選擇了離開出版界，所以這樣的擔憂也可以拋諸腦後了。我抱著希望能留下一點什麼給後世的心情，將一路至今的經驗撰寫成這一本書。

但重讀一遍後發現，內容簡直將我自以為是、冒失莽撞、缺乏深思熟慮的性格，一覽無遺地呈現出來。我不禁擔心，這些對讀者們來說真的有參考價值嗎？但我由衷希望本書的內容能帶給讀者們一些收穫。

有一句話我相當喜歡，它是這麼說的：「此時此刻是我們所剩的人生中最年輕的時刻。」不知多少人明明有想做的事，卻因為「我已經太老了」「如果我再年輕一點的話」之類的理由而放棄。在尚未聽到那句話前，我也是其中一人。但事情絕非如此，我們不僅是所剩人生之中最年輕的自己，甚至還能徹底發揮一路以來累積的經驗，做出各種嘗試與挑戰。當我用這種角度來思考時，就有勇氣再向前跨出一步。當你感到徬徨、迷惘，或感到自己身處於黑暗中時，請你也試著把這句話說給自己聽。

本書中提及的許多人士，對我而言缺一不可，沒有他們就沒有現在的我。我可能或多或少都對他們造成了某些困擾，但他們對我總是耐心包容，真的感激萬分。我還要衷心感謝青沼貴子、小倉直美、小栗左多里、高木直子、野原廣子為我畫下了那麼迷人的漫畫，以及為我畫了封面插畫的姐姐松田奈緒子。姐姐，我現在已經沒有那麼愛大啖帶骨肉了啦（笑）。

過程中還得到其他許多人的幫助，但其中我要特別提出來感謝的是，讓這本書得以成形的設計師千葉慈子、集英社的今野加壽子。真的非常感謝妳們。

在這人生一百歲的時代裡，希望我能儘量保持著一顆怡然自得的心，讓生活中總是充滿了興奮期待。希望各位讀者也都能過著令人興奮雀躍的每一天。

松田紀子

Creative 159

煩惱10秒就夠了：
不多想，凡事做了再說！
突破型編輯的工作術

作者｜松田紀子
譯者｜李璦祺
出版者｜大田出版有限公司
台北市一〇四四五中山北路二段二十六巷二號二樓
E-mail｜titan@morningstar.com.tw http：//www.titan3.com.tw
編輯部專線｜（02）2562-1383 傳真：（02）2581-8761
總編輯｜莊培園
副總編輯｜蔡鳳儀
行銷編輯｜陳映璇／黃凱玉
行政編輯｜林珈羽
校對｜黃薇霓／黃素芬
內文設計｜陳柔含
初刷｜二〇二一年五月一日 定價：三五〇元
總經銷｜知己圖書股份有限公司
台北｜一〇六台北市大安區辛亥路一段三十號九樓
TEL：02-2367-2044／2367-2047 FAX：02-2363-5741
台中｜四〇七台中市西屯區工業三十路一號一樓
TEL：04-2359-5819 FAX：04-2359-5493
E-mail｜service@morningstar.com.tw
網路書店｜http://www.morningstar.com.tw
郵政劃撥｜15060393（知己圖書股份有限公司）
印刷｜上好印刷股份有限公司
國際書碼｜978-986-179-625-3 CIP：177.2/110002453

填回函雙重禮
①立即送購書優惠券
②抽獎小禮物

國家圖書館出版品預行編目資料

煩惱10秒就夠了／松田紀子著；李璦祺譯．
——初版——臺北市：大田，2021.05
面；公分．——（Creative；159）

ISBN 978-986-179-625-3（平裝）

177.2 110002453